长江三峡工程
文物保护项目 报告

丙种第二号

三峡湖北段沿江石刻

国务院三峡工程建设委员会办公室 国家文物局 编著

科学出版社

图书在版编目（CIP）数据

三峡湖北段沿江石刻／国务院三峡工程建设委员会办公室，国家文物局编著. —北京：科学出版社，2010

　ISBN　978-7-03-029293-3

　Ⅰ.①三…　Ⅱ.①国…　②国…　Ⅲ.①三峡－石刻－湖北省－图录
Ⅳ.①K877.402

中国版本图书馆CIP数据核字（2010）第204165号

责任编辑：闫向东　　王光明　　杨明远／责任校对：朱光光
责任印制：赵德静／设计制版：北京美光制版有限公司

科 学 出 版 社 出版
北京东黄城根北街16号
邮政编码：100717
http://www.sciencep.com

中国科学院印刷厂 印刷
科学出版社发行　　各地新华书店经销

*

2010年12月第　一　版　开本：A4(880×1230)
2010年12月第一次印刷　印张：14 1/2
印数：1—1 500　　　　字数：389 000

定价：260.00元

（如有印装质量问题，我社负责调换）

Reports on the Cultural Relics Conservation
in the Three Gorges Dam Project
C(ground relics) Vol.2

Selections of the Inscription in the Three Gorges Dam, Hubei

State Council Three Gorges Project Construction Committee Executive Office
&
State Administration of Cultural Heritage People's Republic of China

Science Press

长江三峡工程文物保护项目报告

湖北库区编委会

长江三峡工程文物保护项目报告

丙种第二号

《三峡湖北段沿江石刻》

主　　编

王风竹　　胡家喜

副主编

肖承云　李　雁　贾先亮　胡　涛

项目承担单位

湖北省文物局三峡办

湖北省文物考古研究所

前　言　Foreword

　　长江三峡工程湖北库区地处三峡的西陵峡和巫峡区域，这里山川秀丽，历史悠久，人文荟萃。千百年来我们的先民在这里繁衍生息，在与自然界适应的过程中，他们在长江这一母亲河的两岸，即刻录下了洪水肆虐的道道印痕，也保留下了对峡江秀美山川的千古咏叹，还有更多的是用刻石记事的原始方式把与生活相关的长江洪枯水、治理航道、提示滩险、镇江佑安，以及筑路、捐献、义渡等内容铭记下来。这些石刻题记和长江两岸众多的古文化遗址、古墓葬、古城址以及各具特色的寺庙、桥梁、传统民居建筑等一起，共同谱写着中华民族大河文明的历史篇章。

　　峡江两岸，特别是三峡库区湖北段巴东、秭归两县淹没线以下的摩崖石刻、碑刻等文物保护价值很高，作为三峡工程文物保护的重要内容之一，如实的记录并采取不同方式进行抢救保护十分重要。从一九九六年三月开始至二○○四年十月的八年间，湖北省文物局三峡办组织湖北省文物考古研究所等单位的专家和考古专业技术人员50余人次，在三峡库区巴东、秭归、宜昌县（今宜昌市夷陵区）和宜昌市三游洞等有关地、市、县博物馆、文管处的积极协作、配合下，先后十余次进入三峡库区，沿江系统考察了巴东、秭归、宜昌等地十余个乡镇、近三十个村组，对库区淹没线下的摩崖石刻、碑刻文物进行了详细的摸底调查、复查、走访、文字记录、拓片、照相、翻模、录像、搬迁等工作，并就摩崖石刻、碑刻有关史料进行了考证和核对。

　　现已查明三峡湖北段的摩崖石刻和碑刻分别为69处和53块。我们已将这些文物全部作了文字记录，并完成了150张拓片资料，30余卷反转照片和大量数码照片资料，4个多小时的录像资料的记录。同时，还完成了"巴风"、"我示行周"、"楚蜀鸿沟"等三处摩崖石刻石膏翻模。完成了对巴东、秭归两县12块碑刻的搬迁，尤其是还将极具珍藏价值的"路别云泥"摩崖石刻巨石由秭归县归州镇南岸的郭家坝镇立志村二组江边，搬至新秭归县博物馆（凤凰山古建筑群）内。

长江三峡库区的石刻题记类文物，其时代从20世纪30年代一直可以追溯到汉晋时期，在长达1700余年的岁月里，我们的先民在长江三峡的大江两岸，留下了种类繁多、内容丰富的石刻题记。时事沧桑，几多浮沉，虽历经千年风雨，但这些石刻题记的字里行间中所蕴涵的丰富的历史信息，正从不同侧面以不同方式，不同程度地映射出各个不同历史时期峡江地区经济、政治、文化及社会生活的不同方面，咏叹出的是那些悠久岁月里先民们对峡江的礼赞。往事越千年，当我们配合三峡工程建设进行文物保护时，或行舟江上过目咏读，或巡着纤道、栈道、山间小路行走间触手抚摸，我们似乎感觉到了那些石刻题记或遒劲工整或雄浑圆润的笔触间仿佛还在默默地呢喃着三峡文化的历史话语，它是我们解读三峡历史的又一种不可多得的历史文化遗产，随着三峡大坝的建成，江水慢慢浸没他们，如何将其完整地记载下来、传承下去，是三峡文物保护工作的一项重要内容，也是我们文物保护工作者的职责，更是我们莫大的荣幸。

　　三峡工程湖北库区的沿江石刻题记可以分为摩崖题刻、碑刻等几种。根据石刻题记的内容又可以分为历史水文题刻、整治航道题刻、咏叹三峡风光题刻和记事碑刻等。三峡工程建成蓄水后，三峡地区的沿江石刻题记都将被淹没水下，为保护三峡地区这些重要石质文物，根据《长江三峡工程淹没区与移民迁建区文物古迹保护规划报告》，湖北省文物局三峡办组织有关单位对这些重要的石刻题记分别采取留取资料、原地保护（特别是洪水题刻）、切割异地搬迁或翻模复制等方式进行妥善保护。

　　三峡工程文物保护项目报告《三峡湖北段沿江石刻》一书，较全面系统地收录了湖北省文物保护工作者在进行三峡工程地面文物保护的工作过程中，对三峡工程湖北段沿江石刻保护和研究工作的初步成果。本书采取顺江而下的次序分县，对沿江石刻逐一进行介绍，每处石刻提供环境照片、石刻照片、石刻拓片和有关石刻具体内容的背景记录资料。三峡沿江石刻是一份特殊的文化遗产，它所蕴含的历史文化信息十分丰富，我们力求通过系统的工作和客观的记述来保护这笔珍贵的文化遗产，从而到达传承和延续三峡历史文化脉络的目的，并希望通过这种方式能为更多的研究者从中寻找其所衍射的峡江历史文化提供深入研究的第一手资料。

前言

二○一○年三月

目 录 Contents

第三章　秭归段石刻

第四章　宜昌段石刻

目录

第一章

总述

长江三峡湖北段沿江石刻综述

　　长江全长6300余公里，是世界第三、中国第一大河，她发源于青藏高原，向东浩浩荡荡地流经我国西南、华中、华东三大区，最终汇入浩瀚的东海。长江是中华民族的母亲河，她哺育着我国三分之一以上的人口，长江流域是中华民族的重要发源地。

　　长江三峡西起重庆奉节的白帝城，东至湖北宜昌的三游洞，四百里峡江万峰耸峙，一水穿腾，是长江风景旅游线上最为奇秀壮美的自然山水画廊。千百年来我们的先民在这里繁衍生息，留下了许多古文化遗迹，在与天斗与水斗的过程中先辈们在峡江两岸刻下大量绚丽夺目的石刻题记，记下了他们与严酷生存环境抗争的痕迹，也铭刻下他们对壮美河山的咏叹。

　　长江三峡湖北段西起巫峡湖北巴东与重庆巫山县交界的碚石，东至西陵峡口的湖北宜昌三游洞。三峡湖北段的石刻题记主要有碑刻、摩崖题刻几种，这些题刻主要刻在峡江两岸的岩壁和巨石之上，其内容有关于长江洪水、枯水、筑路、捐献、义渡和鱼坊主权的记载，有治理险滩和河道的石刻，有赞美山川形胜、峡江风光的题刻、题记等。

一、峡江水文石刻题记

　　长江流域水资源和水能资源的蕴藏量十分巨大，但历史上长江流域由于降水的分布不均，洪、涝、旱等自然灾害时有发生。在与长江的洪涝灾害的抗争中，先民们用刻石记事的方式留下了许多水文记事，历史上在三峡地区有关洪、枯水的记载尤为丰富，有些资料是世界水文史上罕见的史料，是先辈为我们留下的一笔丰厚的文化遗产。其中直观的治水资料尤以石刻题记具有代表性，记录长江特别是三峡地区历史上洪、枯水情况的实物性石刻题记，数量之多、分布之广、跨越时间之长、种类之丰富、记录形式之多样、其科学性和艺术性之高都是世所罕见的。

　　我国对长江流域的历史洪枯水的调查工作20世纪50年代以来进行过多次，调查确定长江上游地区历史上有8个大的洪水年份，其中老庚午年（清同治九年即1870年）的洪水位为长江宜昌至重庆段历史上最高洪水位。

　　根据长江水利委员会组织的历史水文调查，三峡库区湖北段共有洪水题刻23处。湖北段的洪水题刻主要有以下几种：

1. 记载清乾隆53年（1877年）洪水题刻7处

　　秭归县郭家坝镇东门头洪水题刻"□□伍拾三年□□岁七月廿水涨到此下一尺"，该石刻海拔97.72米。

　　秭归县郭家坝镇东门头村五马桥头题刻"大清乾隆五十四年戊申□□□□□□水平此桥"，海拔96.09米。

秭归县郭家坝镇东门头村三组双凤桥上的洪水题刻"五十三年大水至崩桥也又到五十四年重修崔国泰"。

秭归香溪镇小屈原庙《重修碑记》中有"乾隆戊申江水泛涨墙屋不无颓坏沙泥淤积金身未免……皇清乾隆五十四年十月二十五日立"。

秭归县庙河小学"大清乾□戊申年大水至此",海拔高程86.78米。

现宜昌市夷陵区三斗坪陈家冲"清乾隆戊申年大水至此后世莫谓言之谬也"。

2. 记载清嘉庆元年（1796年）大水的石刻

秭归县郭家坝镇东门头村五马桥头题刻"嘉庆元年丙辰岁□□□□□水平此桥洞上",海拔高程为92.64米。

3. 记载清咸丰十年（1860年）洪水的题刻10处

秭归县郭家坝镇东门头村 "大清庚申大水淹崩迯"。

秭归县香溪镇八字门村2组"咸丰庚申同治庚午大水泛滥上坝洗平河底"。

秭归县香溪镇小屈原庙"庚申五月下浣江水泛涨势倍涌汹涌各处民房尽属漂流幸兹庙与金身皆系坚石虽淹及中梁两旬而巨涛洪波不得而撼之所坏者惟后墙与厨房耳……同治四年乙丑岁季夏月上浣吉日石工郑其武镌立"。

秭归县郭家坝镇东门头村五马村题刻"咸丰十年六月初一大水",海拔高程为97.66米。

秭归县郭家坝镇东门头村五马桥头题刻"咸丰十年六月大水平到此桥上六月初一止"。

宜昌市夷陵区莲沱镇窑坪乡黄金口"咸丰十年六月初一日息壤至此庚申年又三月十五日立夏下雪"。

夷陵区黄陵庙内碑刻2处，记载1860年大水，题刻分别为"庚申庚午洪水为灾"和"咸丰十年六月初一水淹至此"等。

4. 记载清同治九年（1870年）洪水的题刻4处

秭归县香溪镇八字门村二组"咸丰庚申同治庚午水泛滥上坝洗平河底"。

夷陵区黄陵庙内碑刻2处，分别为"庚申庚午洪水为灾"、"因咸丰庚申同治庚午两次水灾倒塌不堪"。

5. 记载1945年大水的题刻1处

秭归县香溪镇长江边岩石"乙酉年江水自（至）此"。

三峡湖北段历史上的洪水题刻主要记载的是1788年、1860年、1870年和1945年的长江洪水，其中1870年的大水是长江历史上800年一遇的特大洪水，黄陵庙禹王殿内楠木立柱上清晰的保留着那次大水的水淹痕迹。对这次洪水的分析研究工作对长江流域规划及葛洲坝、三峡水利枢纽工程设计都有非常重要的参考价值。

二、治理险滩、河道的石刻

长江西陵峡险段较多，其中尤以秭归县新滩为著名，这里滩险流急，往来船舶行船极为困难，历史上关于新滩河道整治的文献记载较多，其中以记载当时整治险滩、疏通航道的多处题刻最为珍贵。

新滩南岸的江渎庙内，有一块记载关于疏通新滩河道的石碑，这也是目前保存的历史上关于新滩岩崩灾害的唯一石刻。石碑高1.49、宽0.81、厚0.1米。碑文魏体，笔力雄浑，字迹工整。全文为："宋皇祐三年前进士曾华旦撰碑称。因山崩石压成此滩，害舟不可胜记。于是著令自十月至十二月禁行。知归州尚书都官员外郎赵诚闻于朝，疏凿之。用工八十日而滩害始去，时皇祐三年也。盖江绝于天圣中，至此而后通。"

关于记载新滩滑坡灾害和整治的另一块石碑是《重凿新滩碑记》系明朝天启五年（公元1625年）湖广等处提别按察乔拱壁所撰，该碑已失，所幸为清乾隆五十五年所编的《归州志》录存。碑文为："……滩善触常崩于宋天圣中，至（致）梗往来舟楫。越数百年；嘉靖壬寅（公元1542年）夏崩"。

三、引领航船、指明航道的石刻

长江航道浪大滩险流急，这里礁石林立，行船风险极大，在三峡沿岸，历史上留下了一些引领航船或指引航道的石刻。长江在进入三峡西陵峡后，在秭归归州前有一个较大的转弯，这里礁石林立，有九道石梁伸向江心，号称"九龙奔江"，为著名的沱滩，在其中一个礁石上有一个石洞，洞口上刻有"雷鸣洞"三个大字，雷鸣洞当地人又称"人鲊瓮"。据《归州志·修黄魔神庙记》录载，每到长江汛期这里"水涨盈满，鼓浪翻滚，漩如鼎沸，过往客商船工，即轻舟快楫，误落江心，十无一全，逐年坏船，死者不可胜数。"元朝致和元年（公元1328年），曾开凿了雷鸣洞的上口，但水势并未减弱，行船安全仍无保障，到了明朝万历三十五年（公元1607年），再次治理，人鲊瓮之险至此稍有缓和。工程完成后，州守张尚儒曾题诗一首。诗曰："江挟山兮雨水濛，波声激磕若雷鸣，千层怒浪莲花漩，万斛行舟鸟羽轻。洞口石开消息喷，瓮头人过得余生，弧城更喜天门辟，举首常瞻叔度名。"

原位于庙河著名的崆岭峡江中的一块大石上有"对我来"三个大字，该段航道为西陵峡中最险峻的地方，当地有"新滩泄滩不算滩，崆岭才是鬼门关"的说法，历史上这里经过多次整治但并未从根本上治好，行船困难且十分危险，为了避免行船与暗礁相撞，当地人们在大珠石上刻下"对我来"三字，作为航行标志以减少对行船的损害，船到这里只有船头对准这块礁石行驶，才能利用水流的作用将船驶入安全的航道，否则十有八九要船毁人亡，"对我来"是峡江船工付出惨重代价摸索出的行船经验。20世纪70年代这里的航道得到大规模的整治。特别是葛洲坝水利枢纽工程的兴建，使三峡航道得到彻底根治，如今船行峡江再无险滩暗礁之虞了，游客们在领略和赞叹峡江两岸美丽的自然风光时，还可以轻松地体会到"轻舟已过万重山"的快慰。

四、咏叹峡江风光的题刻

行船峡江，两岸还可见到多处咏叹峡江风光的题刻，多数题刻都是一个叫李拔的人留下的，从宜昌到重庆的长江沿岸，他留下的题刻有多处。李拔是清代中期四川犍为人，曾任荆南观察使，兼管川江航道的治理，他的书法自成一体，雄浑圆润，遒劲工整，他在留名千古的同时，也给峡江沿岸留下了一道奇异的人文风景线。较著名的题刻有清乾隆年间题刻的香溪河口水府庙后的"香溪孕秀"、归州镇南岸的"路别云泥"、新滩黄岩的"安怀楚甸"、泄滩北岸的"宏开利济"。巴东县万流"天子河"对岸上游约200米的北岸岩壁上的"楚蜀鸿沟"及信陵镇长江南岸鲁家巷，秋风亭以东约300米的"楚峡云开"题刻。

除李拔的题刻外在"楚峡云开"的右方竖刻一上联："历叹古今良吏少"，落款为"江北吴骏绩题"，吴骏绩系巴东江北人，晚清秀才。在"历叹古今良吏少"的左方，刻有一下联"须知天下苦人多"，落款为"江右冯锦文题"，冯锦文系江西宜丰人，民国六年元月至七年元月任巴东县知事。此外还有位于楠木园乡以东对岸，民国二十六年任巴东县长的四川大竹人张胄炎所题"浪淘英雄"题刻。位于官渡口对岸四川重庆人童天泽题"我示行周"石刻。位于巫峡出口处北岸的官渡口镇铁岭人衍秀所题"要区天成"石刻。位于巴东县信陵镇东2.5公里，"无源桥"以东约10米处，有"川流悟道"石刻。"无源桥"以西约20米处有民国庚寅年秭归县人柳宝庆题"灵山胜境"等等。在秭归归州镇西有田登题一咏叹秭归风光的《巴风》题刻，内容为"山腰刚咫尺，楼阁每重加。物色常看树，生涯广种茶。山行晴附蚁，泉落远惊蛇。记得登临日，春风桃李花"。李拔在新滩江边有一题诗"危矶激濑浪拍空，咫尺樯帆路不通，鞭石好随流水去，平成应许后先同"，形象生动地描绘了新滩行船艰难的情形。

五、见证三峡洪水的黄陵庙

黄陵庙坐落在三峡西陵峡中段长江南岸黄牛岩下的宜昌县三斗坪镇，矗立于波澜壮阔的长江江边，古称黄牛庙、黄牛祠。是长江三峡地区保存较好的唯一一座以纪念大禹开江治水的禹王殿为主体建筑的古代建筑群。千百年来，这里保存下来有大量珍贵的有关长江三峡特大洪水水位等重要的水文遗迹和实物资料，从某种意义上讲这里又是长江三峡地区乃至整个长江流域历代重要水位变化的水文资料库。曾为葛洲坝水利枢纽工程和正在兴建中的举世瞩目的长江三峡水利枢纽工程的决策者和设计者们，提供了重要的长江三峡地区历史水文依据。

据《宜昌府志》载：此庙传为纪念大禹治水的丰功伟绩而建于春秋战国时期，但始建年代目前已无从考证。黄陵庙内藏有一批记载三峡水文情况的碑刻，目前黄陵庙中尚存一块诸葛亮为重建黄牛庙而撰写的《黄牛庙记》穿孔圭形石碑，此碑为后人所刻。碑文为阴刻隶书，碑文云："……古传所载，黄牛助禹开江治水，九载而功成，信不诬也，惜乎庙貌废去，使人太息，神有功助禹开江，不事凿斧，顺济舟航，当庙食兹土，仆复而兴之，再建其庙号，目之曰黄牛庙。"

宋孝宗乾道六年（公元1170）十月初几，陆游在《入蜀记》中云："……九日微雪，过扇子峡……晚次黄牛庙，山复高峻，村人来买茶菜者甚众。……传云，神佑夏禹治水有功，故食于此。门左右各一石马，颇卑小，以小屋覆之，其右马无左耳，盖欧阳公所见，……欧诗刻庙中。"可惜该碑刻已无从查找。

同治末年（1874年），清典史黄肇敏因专事制作峡江纪游图，于黄陵庙撰刻《游黄陵庙记》，记中云："考诸古迹，今庙之基，即汉建黄牛庙之遗址也。庙遭兵焚，古褐无存，迨明季重建，廓而大之，兼奉神禹，盖嫌牛字不敬，故改为黄陵……"，又曰："殿供大禹，楹楚镌万历四十六（1618年）旧州人建，旁有断碑仆地，拂尘读之，乃黄陵神赞颂，正德庚辰（1520年）南太仆少卿西蜀刘瑞撰，后殿供如道教老子像，云即黄陵神也，座侧立一牛，木质。尝闻国朝宋琬题楹贴云：奇迹著三巴，圭壁无劳沈白马，神功符大禹，烟恋犹见策黄牛，今亡矣。后又一殿，供释迦牟尼像。"

黄陵庙的占地面积不是很大，建筑也不多，但却有一定的布局，特别是其主要建筑是见证长江特大洪水的实物资料，在长江水文考古上有其重要的地位。

黄陵庙座南偏西40度，庙主轴线上的建筑有山门、禹王殿、屈原殿、祖师殿（亦谓佛爷殿），分别建筑在逐级升高的四个台地上，各台基相距高度约2米左右。

山门建筑在海拔75.56米的江边台地上。山门两侧宋代尚见有两匹石马，清嘉庆年以前为"敕书楼"，嘉庆八年（1803）重庆府事赵田坤见敕书楼中殿宫墙因多年风雨飘摇而崩塌，鲜囊乐输倡导重修，将敕书楼中殿改建为戏台，并撰刻碑记至今尚存庙中。

现存黄陵庙山门为清光绪十二年（1886）冬季重新修建的，为穿架式砖木结构建筑，山门外尚有石阶三十三步又十八级，寓意三十三重天和十八层地狱。

黄陵庙明清两代古建筑保留下来的1860年、1870年长江洪水水位的记录与庙内现保存的1874年黄肇敏撰刻的《游黄陵庙记》、1887年罗缙绅撰刻的"钦加提督衔湖北宜昌总镇都督府管带水师健捷副营乌珍马巴图鲁罗"：重修黄陵古庙功德碑和覃发祥等撰刻的《重修玉皇阁落成序》等水文碑刻中洪水记载相一致。

黄陵庙是三峡地区一处重要的历史文化遗产，1956年湖北省人民政府公布为湖北省第一批文物保护单位，2006年被国务院公布为第六批全国重点文物保护单位。昔日飘摇欲坠、杂草丛生的古刹，经多年来的维修整治已经焕然一新，成为金碧辉煌、橙香醉人的文化场所，铎铎风铃声似乎还在述说着长江1870年的那场大水，而巍巍禹王殿则又在见证着新一代大禹人根治长江洪涝，高峡出平湖的举世壮举。

六、三游洞留住千年文人墨迹

在饮誉五洲的长江三峡风景名胜中，有一颗灿烂的明珠镶嵌在西陵峡口北岸，这便是闻名遐迩的三游洞。它位于湖北省宜昌市城区西北郊20里长江北岸西陵山，三面环水，一面连山，山水秀丽，好似天然盆景置于群山峻岭之中。

唐宪宗元和十四年（819年）由于白居易、白行简、元稹三人首先游览并题赋"奇洞"，三游洞便由此得名并传扬天下。

到了宋代，著名文学家欧阳修被贬谪到夷陵任县令，他不仅多次游了三游洞，并留下了描写三游洞的珍贵诗文和壁刻。

欧阳修在三游洞的题名壁刻，位于三游洞洞室的左壁，于景祐四年（1037年）七月十日与丁元珍同游三游洞时所题。全文如下：

"景祐四年七月十日夷陵欧阳永叔偕判官丁同行刻石"这方壁刻，是欧阳修的亲笔手迹；也是三游洞中保存至今的石刻中年代最早的一方壁刻。据查，真正属于欧公的石刻真迹文物全国范围内，只有两件：一件是三游洞中这方欧阳修亲笔题书的题名壁刻；一件是现存于江西省永丰县为欧阳修当年所亲笔题书的《泷冈阡表》碑刻，但此碑刻要比三游洞中的壁刻晚30余年。

继欧阳修之后，三游洞的人文踪迹中又多了"后三游"佳话，即苏洵、苏轼、苏辙父子三人对三游洞的游历。后人将唐代白居易、元稹、白行简三人同游三游洞称为"前三游"，把宋代"三苏"的这次游三游洞称为"后三游"。

宋绍圣元年（1094年），著名文学家、书法家黄庭坚，被贬涪州（今重庆涪陵）。绍圣二年（1096年）春，黄庭坚赴任途经夷陵。在三游洞后室石壁一小洞穴口上方，挥笔书下了他的第一方壁刻："黄大临弟庭坚同辛□子大方绍圣二年三月辛亥来游"。这方壁刻不仅为我们留下了这位宋代大文学家当年寻访三游洞的准确时间，也还为我们描绘了他晚年坎坷宦途生涯中，风尘仆仆，不远千里，奔赴西蜀贬谪赴任的情景。

宋元符三年（1100年），黄庭坚奉旨被赦免召还，于次年三月到达夷陵，再访三游洞。当黄庭坚在洞中见到六年前自己所书的壁刻时，不觉感慨万分，于是再次提笔在洞外的一块崩石上又写了一方壁刻，刻云："黄庭坚弟叔向子相侄檠同道人唐履来游观辛亥旧题如梦中事也建中靖国元年三月庚寅"。

南宋诗人陆游亦曾游览三游洞，史料表明，他是在三游洞留下诗文最多的作家。陆游写三游洞的诗文有目在案的有《系舟下牢溪游三游洞》、《三游洞岩下小潭水甚奇取以煎茶》和著名日记体游记《入蜀记》中的部分章节，另有咏三游洞奇山秀水的著名诗篇《舟出下牢》、《峡口夜坐》等。

时光荏苒，历史跨入20世纪，辛亥革命彻底埋葬统治中国数千年的封建帝制，进入了民国时期。抗日战争时期，三游洞是大后方的前沿阵地，三游洞一直控制在中国军队手中，没让日军跨进半步。1938年10月，湖北省政府代主席兼民政厅长严立三带领省府要员移驻三游洞内办公，主持全省抗日救亡工作，1939年在洞内石壁上刻铭作记并志耻。严立三题记云："中国民国廿八年春，寇机屡袭宜昌，居民死伤数千，爰率本府同人驻此办公，书以志痛。"辛亥遗老、著名爱国人士石瑛、张难先题记云："湖北省政府被倭寇迫迁鄂西，石瑛、张难先于中华民国廿八年四月来此会议，特书志耻。"同时冯玉祥将军从四川重庆莅临宜昌督练抗日军队，检查要塞，并到三游洞看望湖北省政府在三游洞的留守人员。当了解到二三月间日本飞机反复轰炸宜昌城，炸死居民逾千人时，当即题写："是谁杀了我们同胞的父母和兄弟"壁刻一通，这些都是我们进行爱国主义教育的重要文物之一，也是不可多得的历史资料。

在三峡工程文物保护过程中，文物部门高度重视三峡库区石质文物的保护工作，根据三峡工程库区文物保护规划报告，文物部门将对三峡沿江石刻题记采用搬迁保护、原地保护和留取资料、异地复制等方式加以保护。2003年三峡工程135米蓄水后，沿江石刻均已被江水淹没，但通过不同的保护措施，这石刻文物均得到了系统的抢救保护，并如实地得到了科学的记录，这也是三峡工程文物保护工作的重要收获之一。而宜昌三峡西陵峡口的三游洞则原汁原味的保留和展示了自宋以来的各时期文人墨客留下的石刻题记，可谓是峡江石刻题记的原生态博物馆。

（注：本文内"□"表示字碑中字迹已无法辨认）

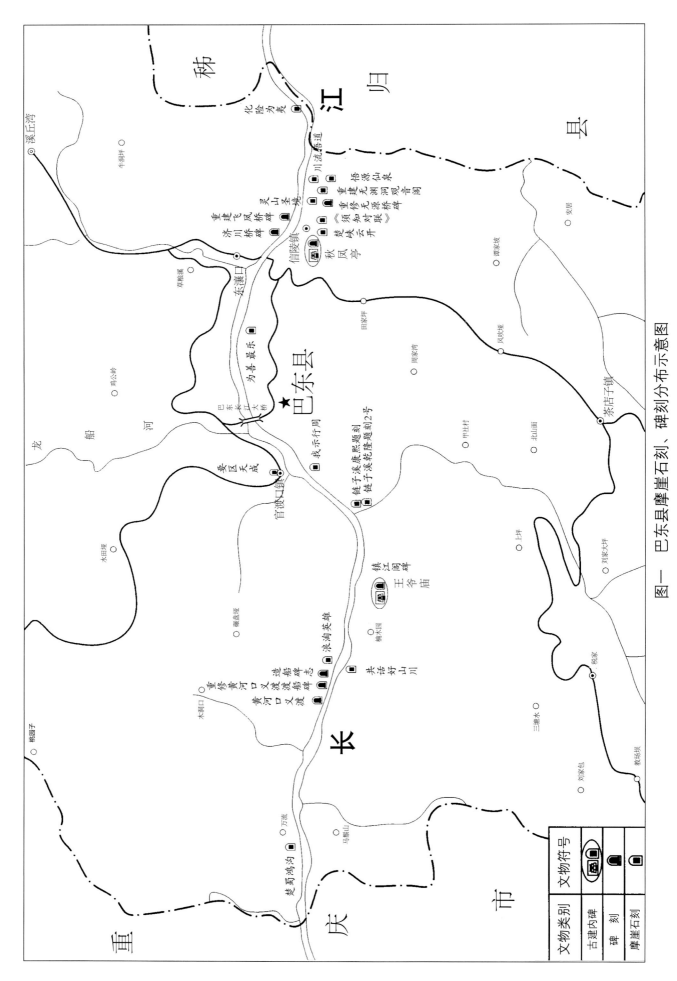

图一 巴东县摩崖石刻、碑刻分布示意图

文物类别	文物符号
古建内碑	（图）
碑 刻	（图）
摩崖石刻	（图）

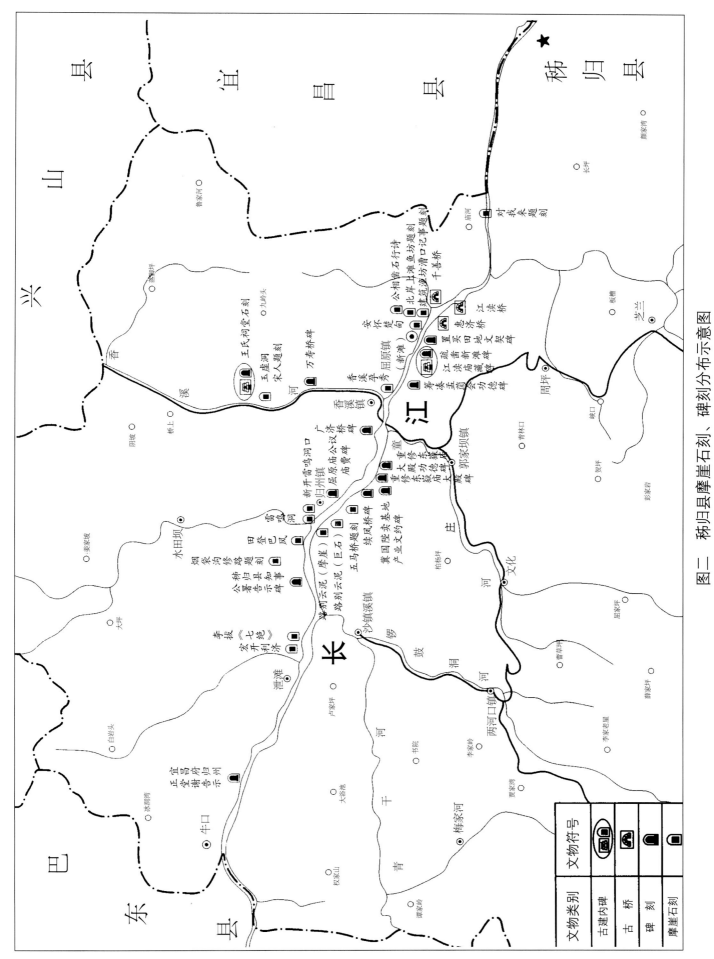

图二　秭归县摩崖石刻、碑刻分布示意图

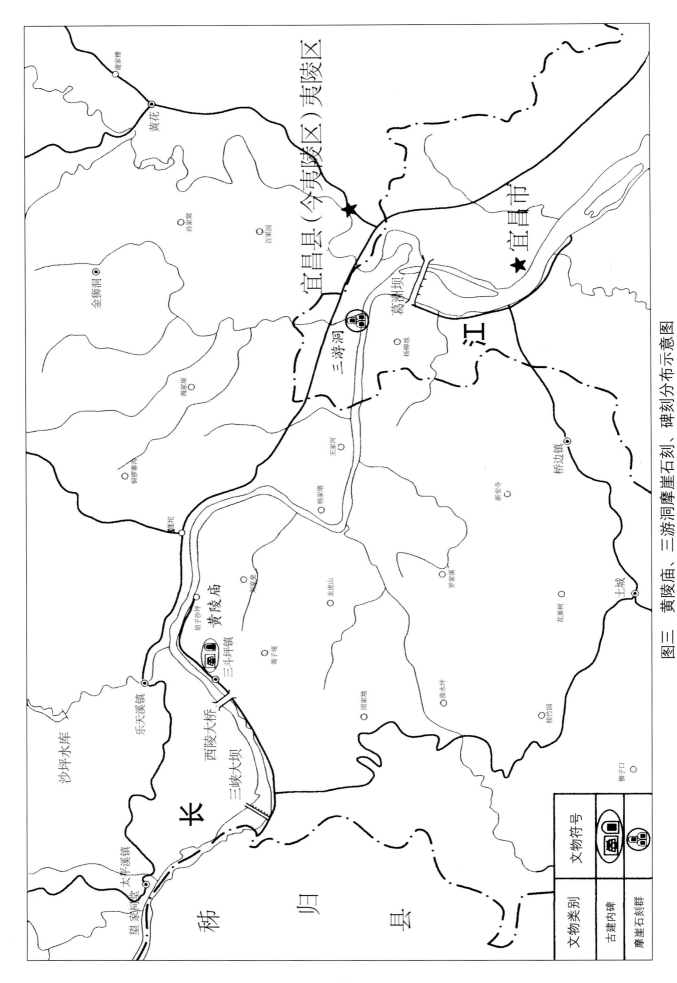

图三 黄陵庙、三游洞摩崖石刻、碑刻分布示意图

第二章

巴东段石刻

巴东段摩崖石刻（15处）

1. 李拔　楚蜀鸿沟　清

"楚蜀鸿沟"石刻位于巫峡中段长江左岸，坐北朝南，海拔80米。所在地属巴东县官渡口镇万流村马家一组。刻石之岩石呈弧形，幅高85、宽265、方框凹下0.6厘米。

"楚蜀鸿沟"四字阴刻，字高60、字径42厘米，字距13厘米，刻深2厘米，刻槽底平整。题首："乾隆庚寅（1770年）嘉平"，落款为"荆南观察使　西蜀李拔题书"。题款字高约10、字径约8厘米。

"楚蜀鸿沟"石刻地处湖北、四川（2003年以后属重庆市管辖）交界处。故"楚蜀鸿沟"，有分界鸿沟的寓意。历史上楚蜀争端不断，川鄂两省的巫山、巴东民众常为争山夺柴等引起械斗。石刻为两省划定了界线。

"楚蜀鸿沟"四个大字常引得古往今来的骚人墨客诗赋于此。光绪年间，四川荣县人赵熙赴京应试，乘船路过见此，感慨万分，即赋诗一首"楚蜀此分疆，无狼亦断肠，两山有缺口，一步即他乡"。时人有"鸿沟已深，不易填矣"之叹。

"楚蜀鸿沟"石刻虽经二百多年的风风雨雨和江水侵蚀，仍笔画清晰。

石刻位置

"楚蜀鸿沟"石刻

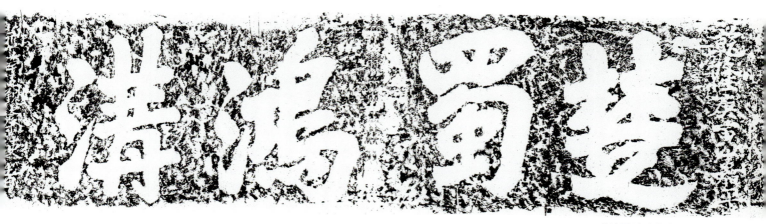

"楚蜀鸿沟"拓片

题刻者介绍：李拔，清代中期四川犍为人，曾任荆南观察使，兼管川江航道的治理。乾隆35年（1770年），曾率众进入三峡视察水路纤道。因此从宜昌至重庆的长江沿岸，均可见他的题刻。字体为行楷，书法雄浑圆润，道劲工整，在历史文化及书法艺术等方面都很有价值。

2. 张华年　共话好山川　清

"共话好山川"石刻，位于巴东县官渡口镇楠木园村，长江右岸，坐南朝北，距江边约80米。石刻在一个突出的崖壁上，刚好与张胄炎的"浪淘英雄"（见14页）隔江相望。刻石幅高43、宽250厘米。字高29、字径28厘米。左边并排四行竖写题款："云安张华年／嘉陵梁开化／盛唐陈文典／宣统元年六月（1909年）泐"，"云安"、"嘉陵"皆地名。据记载，"盛唐"为古县名，治所在今安徽六安一带。1909年，张华年、梁开化、陈文典三人结伴而游，在此，他们触景生情，把对祖国山河的无限热爱，对巴峡风光的热情赞美，倾于笔端，挥毫即书，并镌刻于石上。三人身份未详。该石刻于1996年在修筑楠木园乡间公路时被毁。

"巴东段石刻"

"共话好山川"石刻

宣统元年六月泐　盛唐陈文典　嘉陵梁开化　云安张华年　川山好话共

石刻文字排布示意图

3. 张胄炎　浪淘英雄　民国

　　"浪淘英雄"石刻位于官渡口镇楠木园村，门扇峡进口，即峡江右岸的黑岩子崖壁之上，坐北朝南，海拔80米。崖壁名为"黑石子"，石刻楷书，阴刻。幅高140、宽335厘米，方框凹下0.6厘米。从右至左"浪淘英雄"共四字，字高68厘米，字径58、字距11厘米，刻深2.5厘米，刻槽平整。右边竖刻题首："戊寅（1938年）元月"，字高22、字径18、字距2厘米，字体为楷书。落款"张胄炎书"，字高18、字径18、字距5厘米。

　　石刻刻于绝壁之上。古人诗曰："峰与天关接，舟从地窟行。绝壁横险阻，无风波浪狂。"船行至此，船头浪花飞溅，舷下涛流奔腾，惊心动魄。自古不知有多少船只在此沉没，多少游子在此丧生。

　　"浪淘英雄"凿刻在巫峡中的悬岩峭壁之上，高达数十米，四周无处可攀，给拓本工作带来了巨大的艰险和困难，只能用几个长木梯悬挂在崖壁上黄荆灌木根蔸上，站在仅有6厘米宽的下边框上进行工作。

石刻位置

"浪淘英雄"石刻照片

"浪淘英雄"拓片

题刻者介绍：张胄炎，四川大竹人，国立吴淞政治大学毕业，于民国二十六年（1937年）十二月至二十八年（1939年）元月任巴东县长,张胄炎所题"浪淘英雄"，讴歌了船工在峡江穿恶浪，闯狂澜，冲激流，过险滩的英雄气概。

4. 链子溪石刻

链子溪栈道位于官渡口镇火焰石村，巫峡中链子溪与长江右岸交汇处。链子溪石刻紧靠链子栈道末端。石刻坐北朝南，海拔92米。

链子溪石刻内容记载了主持修造工程的官员和修造时间，字体凿刻非常随

链子道上层

链子溪栈道

悬崖上的拓印工作

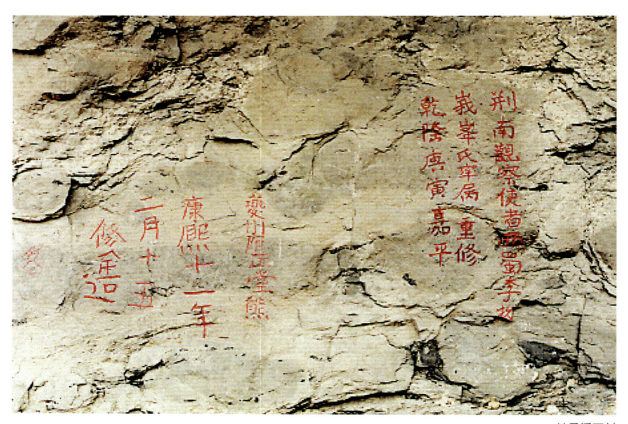

链子溪石刻

乾隆庚寅题记拓片

意，为线刻，石面不平，字迹较浅。由于年久，岩石表层自然风化脱落，有的字迹已不太清晰。

石刻现存两则：

（1）乾隆庚寅题记（链子溪2号）

为"荆南观察使者西蜀李拔，峨峰氏率属重修，乾隆庚寅嘉平年（1770年）"。 左边石刻幅高75、宽35厘米。字高7、字径7厘米。

（2）康熙十一年题记（链子溪1号）

为"夔州府正堂熊，康熙十一年二月十五（1672年）修造"。 右边石刻幅高47、宽57厘米，字高8、字径7重米。

链子栈道共有上下两处，分别在摩崖岩壁上凿开一条道。古往今来，生活于此的山民们除此道而无别路可行。由于年长月久，链子道时有损坏，在清代曾维修过两次，并勒石为记。

5. 童天泽 我示行周 清

"我示行周"摩崖石刻位于巴东县信陵镇西瀼村，刻于官渡口对岸巫峡的出口处，当地称为"大面山"山胫下的一处崖壁之上。此地古地名为"三页书"。岩该石崖面向后倾斜35°，横卧长江右岸。地形狭窄险要，是古代楚蜀行船行人之出入要道。石刻坐南朝北，海拔80米。

石刻幅高110、宽257厘米， 方框凹下0.4厘米。"我示行周"四字，字高60、字距2厘米，字径55，刻深0.3厘米。阴刻、刻槽呈∪字形。字体为楷书，题款"光绪乙巳（1905年）春月谷旦"。落款为"监修委员渝童天泽书"。字高7.3、字径6.5厘米。

据传说，此前童天泽将原来的"示我周行"改为"我示行周"，即成为"我指大路好方向"或"我指路途"了。"我示行周" 勒石作标，标示了当地的地势水情，以示行人和行船，若"我示行周"四字被水淹没，行船就有危险，必须就此停泊，待水消退再行，路过沿江小道的行人，也要爬山绕道而行。

"我示行周"石刻笔画遒劲有力，虽然长期江水冲刷，字迹至今仍然清晰，具有一定的保护价值。由于刻石较深，加之江水长期冲洗表层自然风化脱落凹凹不平，给拓片带来了较大难度。

题刻者介绍：童天泽，四川重庆人。

"我示行周"位置

"我示行周"石刻

"我示行周"拓片

6. 衍秀　要区天成　清

　　该石刻位于巫峡出口，门扇峡尽头，左岸官渡口镇老街。这里有一道高达数米的石碛，石刻就刻在其中竖立的一块大长方石上。石刻高85、宽55厘米。坐南朝北，海拔80米，石面倾斜22°。

　　"要区天成"四字，字高15、字径18厘米，刻深0.4厘米，刻槽呈平状，字体为楷书。题款小字二行为"咸丰二年（1852年）首夏／铁岭衍秀"。高9、字径8厘米。

石刻位置

填色后"要区天成"石刻　　　　　　　　　　　　　　"要区天成"拓片

　　"要区天成"四个大字的右上方有一个长方形印章，已模糊不清，左下方亦有两枚模糊不清的方形印章；

　　官渡口镇水陆交汇，历史悠久，古有巴楚两国数相攻伐的战场遗址。此处地理形势险要，为战略要地，衍秀题刻"要区天成"于此，昭示后人。

　　题刻者介绍：衍秀（汉军镶黄旗人），道光二十年即1840年，任宜昌府知府。

7. 曹绩熙 为善最乐 清

"为善最乐"石刻位于信陵镇铜盆溪与长江右岸交汇处，镌刻在铜盆溪左岸一悬岩峭壁之上，距长江边50米。两边路途狭窄。石刻坐南朝北，海拔120米。

石刻高80、宽100厘米。字高22、字径20、刻深0.3厘米，刻槽平整。

清代，这里是通往县城的要道，但由于地势险恶，荒无人烟，过路行人常在这里遭到抢劫。后来，有一名叫曹缉熙的长老到此，提笔在岩壁上写下"为善最乐"四字，告诫人们以善为乐，多行善事。

"为善最乐"石刻

"为善最乐"拓片

8. 李拔　楚峡云开　清

　　该石刻位于长江右岸的信陵镇蔡花街鲁家巷，秋风亭以东约200米的崖壁上。石刻坐南朝北，海拔135米。

　　"楚峡云开"石刻幅高95、宽310厘米，方框凹下2厘米，平底阴刻。大字高60厘米，字径45、字距12、刻深3厘米；题：乾隆庚寅（公元1770年）嘉平。款："荆南观察使者／西蜀李拔题书"，跋："民国丁巳年仲夏月／知巴东县事冯锦文重洗"。字高7、字径8厘米，刻槽呈平状，石刻表面凸凹不平，"楚峡云开"上端边框有4个穿绳孔（似悬挂穿绳子用）。

9. 吴骏绩、冯文锦　"历叹"、"须知"联　民国

　　在"楚峡云开"右侧，竖刻对联一副，上联："历叹古今良吏少"，为"江北吴骏绩题"。下联："须知天下苦人多"为"江右冯锦文题"。

　　此对联的框高165、宽66厘米。字高20、字径19、字距2、深3厘米，刻槽呈

工作人员扑打拓片

楚峡云开拓片

平状。落款字高9、字径9厘米。两副对联上端有呈突起"天杆""花纹结",为装饰悬挂之用。

　　题刻者介绍：吴骏绩，巴东江北人，晚清秀才。

　　冯锦文，江西宜丰人。民国六年（公元1917年）六月至七年（公元1918年）元月任巴东县知事。他于民国丁巳年（1917）仲夏月，将"楚峡云开"石刻重洗。同时也刻下了这副对联。

石刻对联拓片

10. 柳宝庆　灵山圣境　民国

　　"灵山圣境"石亥,位于巴东县信陵镇东南1.4公里处,刻于无源桥北西侧的一巨石上。石刻坐北朝南,海拔108米,石刻倾斜25°。此为"巴东八景"之一。这里风景幽雅,游人甚多,故题"灵山圣境"。

　　"灵山圣境"石刻幅高60、宽108厘米,方框凹下0.2厘米。"灵山圣境"四字,字高23厘米,字径20、字距8、刻深0.3厘米,刻槽底布满了芝麻般大小的凸凹点状。右边题首"民国庚申〔1920年〕三月谷旦"字高5、字径4厘米。左边落款"山左柳宝庆敬题"字高2.7、字径2.5厘米。

　　"灵山圣境"石刻左侧有无源溪、稍南有"无源桥"、"无源洞"。石刻与背后的滔滔长江水,以及无源溪、无源洞、无源桥、长江浑然一体,风光秀丽,最引人注目的是"灵山圣镜"四字题刻在一块单体石块之上,石块一面规整平滑形如一面斜立的镜子。在"灵山圣境"对面有《重建无源洞观音阁记》摩崖碑刻。当时还建有亭榭、楼阁,东有自然石块砌成的石拱小桥,桥下有潺潺流水,很有特色,东有"川流悟道"题刻,南有"悟源仙泉"题刻相伴,真是景书诗画融为一体,构成了一幅秀丽而优美的画卷,观之使人难以离去。

石刻位置

"灵山圣境"拓片

"灵山圣境"石刻

11. 佚名　川流悟道

　　"川流悟道"石刻位于巴东县信陵镇东南1.4公里处。石刻右侧有无源溪、无源桥、无源洞以及"灵山圣境"题刻。沿无源溪向上，有"悟源仙泉"题刻。

　　"川流悟道"石刻幅高76、宽190厘米。字高50、字径36、字距3、刻深0.5厘米，刻槽呈平状。石刻坐南朝北，海拔106米，石面倾斜45°。

　　"川流悟道"四字中，"川流"二字和"悟"字的右半边被铲，字迹都不太清楚，损坏比较严重，仅留有隐约可辨的痕迹。左边竖刻落款的字迹也被铲，只剩"北洋军"三字。因此，也无法考证该石刻出自谁手。

"川流悟道"石刻

石刻填色后

"川流悟道"拓片

12. 汪家生　悟源仙泉　民国

　　"悟源仙泉"石刻位于巴东县信陵镇水聚坪村，北临长江。附近是无源溪，下有无源桥、上有无源洞，对面是高达数十米的飞瀑直下，气势壮观。此处有山有水、花草树木繁茂，且周边有多处石刻点缀其中，景色迷人。

　　从无源桥溯水而上约50米，有一大石壁斜于无源溪边，这就是"悟源仙泉"石刻的所在地。石刻坐南朝北。海拔105米。石刻幅高90、宽212厘米。"悟源仙泉"字高33、字径34、字距7，刻深2厘米，刻槽呈平状。题首："民国三十四年十月"（公元1945年），落款："湖北省机械厂／巴东分厂厂长汪家生题／崔聘侯书"，字径5厘米见方。

石刻对岸悟源仙泉

13. 重建兀渊洞观音阁记　民国

兀渊洞观音阁碑，位于巴东县信陵镇水聚坪村无源桥以西20米，斜对面是"灵山圣境"石刻。该碑刻镌刻在一峭壁岩面上，地势狭窄险恶。石刻坐南朝北，海拔108米。

石刻通高208厘米。其中碑额高42.5、宽100厘米。碑额上端委角，斜边长11厘米。碑额有27×27厘米方框，内刻"万古不朽"四字。每字高13、字径11厘米。在"万古不朽"方框两边杂刻青天白日旗。旗子呈斜插状，旗面高20，宽27厘米；旗杆长44厘米。

碑额下端碑面高163、宽95厘米，四周刻有宽5厘米的花草边框，内刻记事正文，碑题为："重建兀渊洞观音阁记"；碑序为竖排6行，满行44字，由邑人沈维周撰文，向蘭洲书丹。后刻"捐款人姓名"13排，每排15人，人名之下注明捐洋数目，最后一行为年款："中华民国二十八年十月吉日立"行距和字距各1厘米，字高2.8、字径2.8厘米，字为阴刻，刻深0.3厘米。字高2.8、字径2.8厘米，字为阴刻，刻深0.3厘米。

巴东段石刻

《重建无源洞观音阁记》石刻

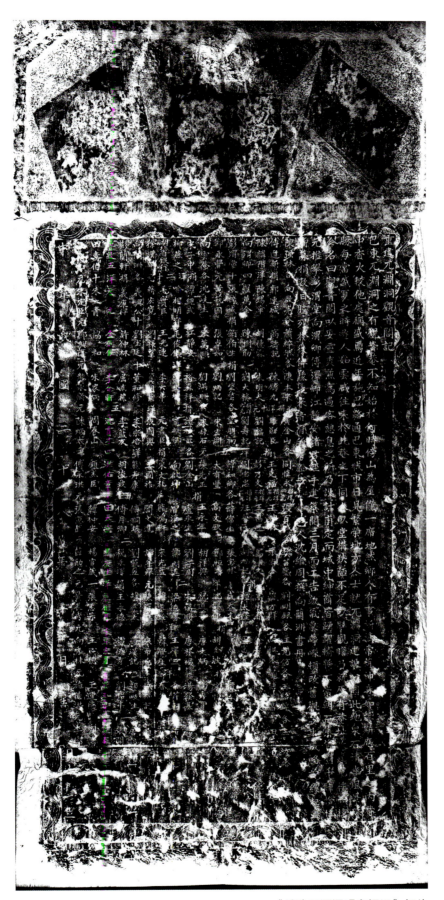

《重建无源洞观音阁记》拓片

【碑刻内容】

重建兀渊洞观音阁记

巴东兀渊洞之有观音庵，不知始于何时。傍山为屋，仅（僅）一席地。然乡人有事祈祷，常荷神庥，如響斯应，百之内，菴中香火，较他处称盛马焉近年施、巴路通，巴东城市日见繁荣。地方人士就兀渊洞建幽，此地泉石清□，风景殊胜，每当盛夏之时，游人如云，咸往来于此菴之下，同人以堂构狭陋不足以壮观瞻，乃就原有菴址改建危楼一栋，命名曰观音阁以妥灵□，兼为过客憩息之所乃设计甫定，而城中绅商皆踊跃输将不崇朝而集资壹千肆拾伍元。推举彭渭堂、向渭卿。傅泽乡江静安诸君，经手建筑，阅三月而工告竣。气象峥嵘顿改旧观，□事成略记缘起並将募捐数目臚列于后，俾后之来者，有所考证云：　　邑人沈维周撰，向蘭洲书丹。

中华民国二十八年十月吉日立（公元1939年）

14. 李拔　化险为夷　清

"化险为夷"石刻位于巴东县东壤口乡绿竹筷村九组，"破水峡"以东，距"白骨塔"200米，紧靠宝塔河。石刻坐北朝南，海拔60米。

葛洲坝工程兴建后，大江截流，由于江水水位增高，在冬季最低水位时，该石刻仍被江水淹没，至今没有露出水面。进行测实工作时，工作人员只能冒着严寒，脱掉棉衣，手拿卷尺，在冰冷刺骨的江水中，摸着凿刻的周边线小心翼翼地反复卡量尺寸。石刻边框高160、宽140厘米；大字高60、字径50厘米，字刻深度为1.5厘米，刻槽呈平状。小字高12、字径10厘米。

清乾隆时期，荆南观察使李拔，率属整治此峡。大功告成后，在峡北崖石上题刻了"化险为夷"四字。分两行竖刻，从右至左，排列成四方形。右边竖刻"乾隆辛卯仲春"（公元1771年）；左边分两行竖刻"荆南观察使者西蜀李拔／率属同修江上题书"。

在"化险为夷"石刻的上端，是南岸陡峭的黄岩，与北岸的凤凰山对峙。凤凰山犹如展翅的凤凰，一翼伸向江心，造成江面狭窄，几乎两船难以相让。江中漩涡无数，横冲直撞，纠缠撕扯，两岸石壁如刀削斧剁，古来行船到此"十有九翻"。

该石刻在1981年葛洲坝截流后，已被水淹。目前只有以照片、文字记录为依据。

石刻被淹没前位置

石刻被淹没后，工作人员在测量记录

"化险为夷"石刻

乾隆辛卯仲春

化

险

为

夷

荆南观察使者西蜀李拔率属

同修江上题书

石刻文字排布示意图

■ 秭归段摩崖石刻（16处）

1. 李拔　宏开利济　清

"宏开利济"摩崖石刻，位于秭归县泄滩乡陈家湾村一组，该地又称为下林子。石刻在泄滩溪口东约一里处的长江北岸。石刻坐北朝南，海拔108米。

该石质为褐红色砂岩。刻有边框，高120、宽92厘米。"宏开利济"字高36、字径28厘米，字距2、刻深1厘米，刻槽呈平状。题："乾隆庚寅嘉平"（1770年），款："西蜀李拔题书"，字高9、字径7厘米。

相传，泄滩在清康（熙）乾（隆）年间商贸繁华，当地有一神庙，供附近居民及远来客商祭拜，常是夜有万盏灯火，日来香火鼎盛。故乾隆庚寅嘉平年，西蜀李拔题书"宏开利济"。

特别值得说明的是2002年7月国务院三峡工程建设委员会办公室经商国家文物局同意，批准湖北省文物局与加拿大国际研究造型制作公司合作（国三峡办函规字〔2002〕42号），开展秭归"宏开利济"、"巴风"石刻的切割搬迁和模型制作，后该公司派员及携带相关设备到秭归开展上述工作，2003年上半年工作过程中因"非典"爆发，工作被迫放弃，后因2003年6月三峡工程135米蓄水，石刻被淹没水下。虽然这次合作因"非典"而没有圆满进行，但这次国际合作开创了三峡工程文物保护开展国际技术合作的先河，具有重要意义。

参加此项工作的中方有王风竹、胡家喜、李雁等同志。加方有彼特总经理、卡娜女士、关健先生等人员。

"宏开利济"石刻

"宏开利济"拓片

2. 李拔 《七绝》 清

《七绝》摩崖石刻，位于"宏开利济"石刻的东面斜上方4米处的一块褐砂岩上。石刻坐北朝南，海拔110米。

该石刻呈笏头碣状，上方为圆头，周边有线刻边框。高100、宽60厘米。字分七行，共55字，阴刻。大字高8、字径7、字距2、刻深0.5厘米。石刻的第五行是年号，第六、七行为落款，字高5、字径4.5厘米。

【石刻内容】

万石舻艎一线牵，

同声欸乃韵悠然。

沂流直上三千尺，

箫鼓咚咚尽日填。

乾隆庚寅嘉平（公元1770年）

荆南观察使者西蜀李拔峨峰

氏率属同修江工题书。

此诗描写当时的秭归泄滩的水急浪高，滩险、船多，拉纤"号子"声和摇橹的歌声。此起彼伏，互相唱和的热闹场面。

加拿大工作人员进行翻模工作

"七绝" 石刻

巴东段石刻

三峡湖北段沿江石刻

蜀江�艎一泝迴濤
報竭乃韵悲遊沂流
直上三千尺蕭教藝
藝盡日填

乾隆庚寅暮平
荆南祝寀使者西蜀孝庶戊峰
沈孝屬同修江工題書

"七绝"拓片

3. 烟袋沟修路题刻

烟袋沟修路题刻位于香溪镇，望江村的路边崖壁上，幅高100、宽60厘米。阴刻楷书4行18字，该石刻表面风化严重（清代）。

【石刻内容】

王□□，江西赣州府兴国县王文□修此路□

石刻文字排布示意图

烟袋沟石刻

巴东段石刻

4. 田登 《巴风》 明

《巴风》摩崖石刻，位于秭归县香溪镇望江村二组，距归州旧城约3公里。这是烟袋沟与江边的一座石梁，石质为褐砂岩。梁尾与长江北岸相邻，南头伴入长江中部，头高尾低，地势极为险要。石刻坐北朝南，海拔为76米。

《巴风》题词等六行，共47字，阴刻楷书。无线刻边框。石刻高152、宽103厘米。"巴风"二字居石刻的右边中间，字高12、字径11、刻深0.2厘米，刻槽呈平状。

扑拓

【石刻内容】

巴风

山腰刚咫尺，楼阁每重加。物色常看树，生涯广种茶。

山行晴附螳（蚁），泉落远惊蛇。记得登临日，春风桃李花。长安田登识。

诗主要描述了，在春暖花开时登巴山所看到的满山茶、果树林；人们在陡峭的山壁攀登时如同蚂蚁贴壁而行；泉水滴落声也会惊动蛇的出动等秭归自然环境、人文景观很美的情景。

该石刻因涨水季节长期淹没江水之中，经多年江水冲刷，石表已经风化，致使石刻表面凸凹不平。

题刻者介绍：田登，明弘治十八年（1505）进士。陕西长安人。（明正德十八年（1519）曾游三游洞有题名）。

《巴风》远景

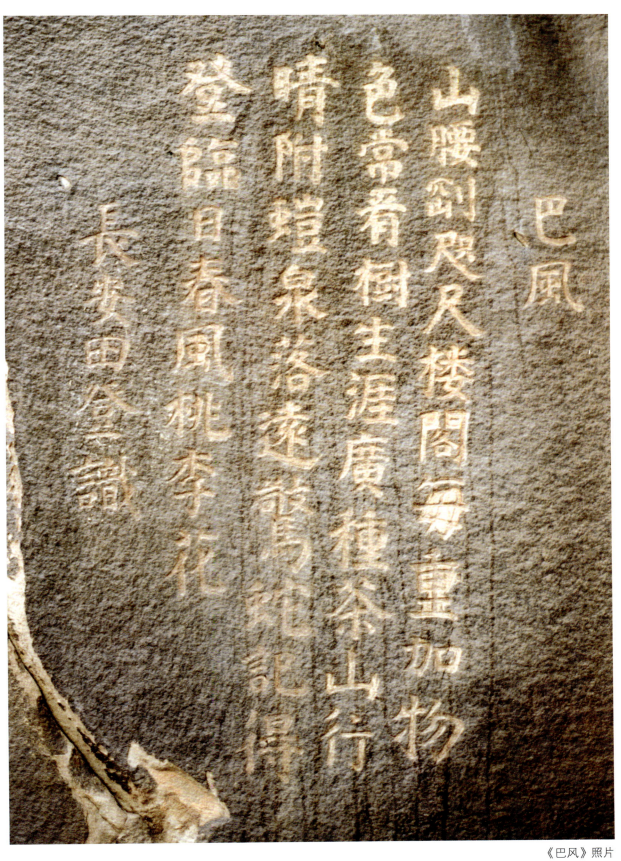

巴风

山腰创愿尺人楼阁一重加物
色常看桐主涯廣種茶山行
晴附瑝泉浴速駕馳记得
登临日春周桃李化

長乐人田○堂朋

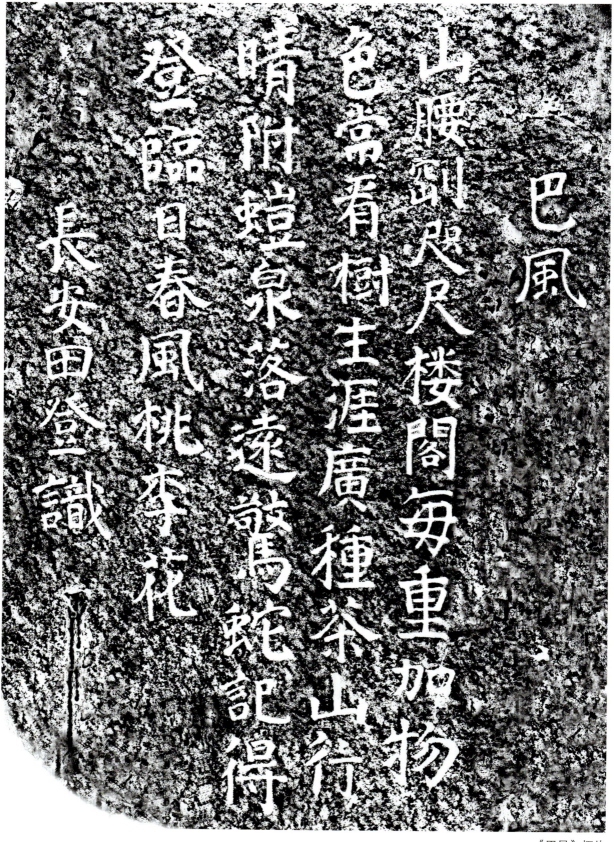

巴风

山腰剖断尺楼阁每重加物
色常看树生崖广种茶山行
晴附螳泉落远驚蛇記得
登临日春风桃李花
长安田登识

《巴风》拓片

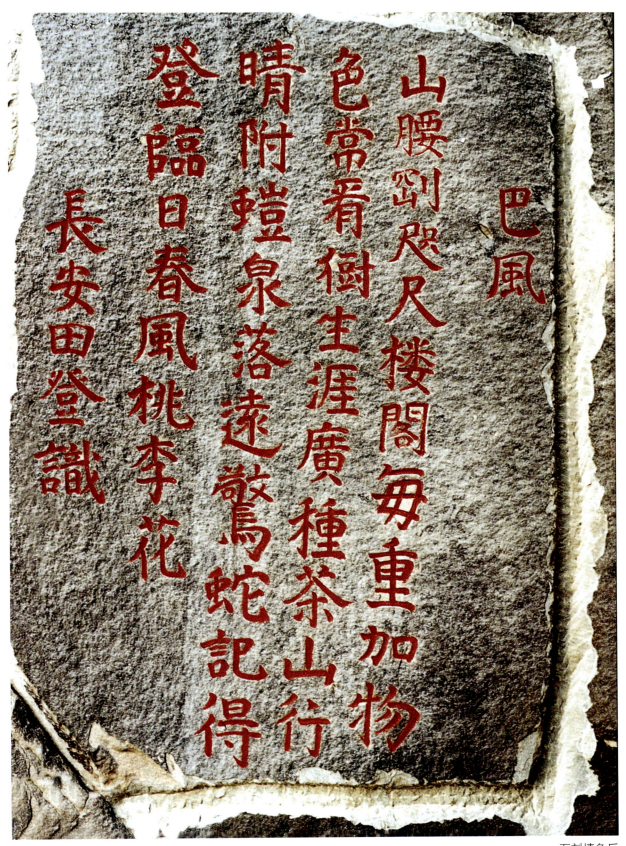

巴風

山腰剗盡尺樓閣每重加物
色常看倒生涯廣種茶山行
晴附鎧泉落遠驚蛇記得
登臨日春風桃李花

長安田登識

石刻填色后

5. 李拔 雷鸣洞 清

　　"雷鸣洞"摩崖石刻，位于秭归县香溪镇望江村一组，洞位于长江左岸叱溪河与长江交界处的一座石梁上。距归州旧城约2公里。当地俗称之为九龙奔江之处。石刻坐西朝东，海拔76米。

　　该石梁南北长约30米，东西宽约20米，四面环水。梁的顶部为不规则圆形，涨水时全岛淹入江中。石刻位于岛顶一个直径1.7米的褐砂岩圆洞上，人工线刻扇形边框，高80、上宽230、下宽175、厘米。

　　"雷鸣洞"字高55、字径56、字距15、刻深0.8厘米，刻槽呈平状。题"乾隆辛卯"（公元1771年）；款"巴蜀李拔"，字高10、字径8、字距10厘米。

　　该石刻东面有一石洞，可能是地处滩多水急，江水涛声如雷，故名"雷鸣洞"。洞口南北长295、东西宽270厘米，洞深6米。因长期处于江水之中，洞内填有泥沙较多，现在洞深仅1米左右。

　　归州镇前长江航道，即著名的沱滩，礁石林立，其中有一礁石叫"雷鸣洞"又称"人鲊瓮"。每到春夏，"水涨盈满，鼓浪翻波，漩如鼎沸，过往客商船工，即轻舟快楫，误落江心，十无一全，逐年坏船，死者不可胜数。"

九龙奔江之处

石刻位置

雷鸣洞石刻

雷鸣洞拓片

6. 治院黄公　新开雷鸣洞　明

　　新开雷鸣洞题记，位于秭归县香溪镇望江村一组，长江北岸的一座长条形石梁上，距归州城约2公里。石梁南北长约50、东西宽8米，当地传说为九龙奔江之处。石刻坐东朝西，海拔70米。

　　新开雷鸣洞口，在原"雷鸣洞"的北面，它们所在的石岛本为一体。当时人们为了行船的便利，在原"雷鸣洞"与"新开雷鸣洞口"之间开辟了一条东西长约12米、南北宽约8米的新航道。为了让后人知晓开辟新航道的艰辛，所以在该岛

测量

南面的石壁上刻字作为纪念。

　　该石刻分左右两块。

　　右边一块高400、宽180厘米，从右至左竖刻八行字，其中一行为大字，两边七行为小字。大字为双线刻，字高34、字径40厘米；小字高9、字径9厘米。

　　左边一块高130、宽168厘米。从右至左竖刻十一行字，每字高10、字径9厘米。由于两块石刻长期淹没水中，只有枯水季节才能露出水面，□因此大多数字迹已荡然无存。

【石刻内容】

左边石刻（见横方形石刻）

大中丞黄公新开吒滩雷鸣洞□□水□□而人鲊瓮之险始平□赋此，江挟山兮两载难水漾，磕若雷鸣。千层怒浪莲花漩，万斛行舟鸟羽轻□洞。石开流急湍，甕头人过得余生波声□。孤城更喜天门辟，举首常瞻叔度名。

张尚儒书

右边石刻（见竖方形石刻）

正中刻"治院黄公新开雷鸣洞口"十个大字。为双构楷书。

两侧阴刻小字七行（右三、左四），文为：黄公□□□榮县人檄府州議，□银三百两，开今口。前阔七丈，后阔五丈三尺，深二丈六尺，横后七丈五尺；二珠石梁，凿去高、深二丈五尺横□□丈□□□（右侧）……湖廣荆州府□□费□元……□□州知州张尚儒，判官馬天道，吏目唐文龙，□汴□□□□□□张雲鹤，遞運所大使……"

大明萬曆三十七年□□巳酉四月望日督工老人劉缔、彭練石匠□□

石刻位置图

两幅石刻同在一张照片中

治院黃公新開雷鳴洞口

□公□□□榮縣人橄府州議□銀三百兩開今口前潤七丈後闊
五丈三尺深二丈橫後七丈五尺二珠石梁鑿去高深二丈五尺橫
□□丈□□□□□
□□□□□□□
□□□□□□
□□□□□

湖廣荊州府□□費□元
□州知州張尚儒判官馬天道史目唐文龍
□汴二□□□□□
□□□□張雲鶴遞運所大使
大明萬曆三十七年巳酉四月望日督工老人劉締彭練石匠

石刻文字排布示意图二

大中丞黃公新開吒
灘雷鳴洞□□水
□□而人詐甕之
險始平□□而賦此
江挾山兮兩水漾波聲激
磕若雷鳴千層怒浪蓮花
漩萬斛行舟鳥羽輕洞口
石開流急湍甕頭人過得
余生孤城更喜天門辟
舉首常瞻叔虔名
張尚儒書

石刻文字排布示意图一

据当地群众告知，"雷鸣洞"在当时起到了长江三峡段的航标作用，在江水淹没"雷鸣洞"时，整个长江三峡段就开始封航，所有过往船只停止航行。

"治院黄公新开雷鸣洞口"题记，是万历三十五年至三十七年（公元1609年）整治三峡航道工程的重要档案。

据《归州志修黄魔神庙记》记载，元朝致和元年（公元1328年），曾开凿了雷鸣洞上口，但水势并未减弱，行船安全仍无保障，到了明朝万历三十五年（公元1607年），始由"抚治都御史黄公纪贤檄治州张尚儒，开凿雷鸣洞下口，以杀其势。凿去大横石梁前阔七丈，后阔五丈三尺，高阔二丈六尺，横厚七丈五尺，凿去二珠石梁高深二丈五，横厚三丈，工费约用二百六十余金，倘资用之饶，将新旧口中大石块尽凿，则江水直达州城"，人鲊瓮之险至此稍有缓和。工程完成后，州守张尚儒曾题诗一首，并刻在漕口岩石上。诗曰："江挟山分两水漾，波声激磕若雷鸣，千层怒浪莲花漩，万斛行舟鸟羽轻，洞口石开消急湍，瓮头人过得余生，孤城更喜天门辟，举首常瞻汉度名。"

据传说，州守张尚儒应当地的百姓反映此处航道狭窄水涨船高，经常翻船死人，得想办法控制的诉求。到此处进行考察，了解到在元朝时此处曾开凿过一个小口，但还是经常有翻船事故发生，便组织人力在"雷鸣洞"的下游开凿一个口，使江水流的平缓许多，减少了翻船死人的事故，并在长江北岸的一座石梁上凿出"新开雷鸣洞口"的摩崖石刻。

7. 李拔　路别云泥（摩崖）　清

"路别云泥"石刻位于长江右岸，秭归县郭家坝镇莲花村三湾江边的岩壁上。石刻坐南朝北，海拔80米。

在峭壁上工作

路别云泥（摩崖）拓片

路别云泥（摩崖）石刻

　　该石刻幅高100、宽213厘米，方框凹下2厘米。"路别云泥"四字阴刻，字高34、字径30、字距2、刻深0.5厘米，刻槽呈平状。右边竖刻 "乾隆庚寅嘉平"（公元1770年）；左边竖刻款识"西蜀李拔题书"。字高8、字径7、字距5厘米。

　　据传说，在当时此处无路可走，要经过此处非常艰难，不是翻山越岭，就是涉水而行。后有人在此凿通了历来不便通行的悬崖，行人得以畅通无阻，从此告别了翻山越岭和驾船方能通行的艰难环境，故李拔书写了"路别云泥"这四个大字，刻在江边的巨石之上，以作纪念。

　　该石刻岩石风化严重，字迹模糊不清，已作了拓片、照片、录像。

8. 李拔 路别云泥（巨石） 清

"路别云泥"巨石石刻，现右岸江边，相距前块石刻约300米，位于郭家坝镇莲花村二组碎石滩江边三，隔江与归州镇相望，其自然环境险恶。

原石刻坐西南朝东北，刻于长317、宽90、右边厚70、左边厚90厘米石条上。字的周边刻有线框，幅高80、宽221厘米，"路别云泥"字高50、字径43、字距8、字深2.5厘米，刻槽呈平状。题首"乾隆辛卯"（公元1771年），落款"西蜀李拔题书"。字高11、字径9厘米，阴刻，刻深0.8厘米。

该石刻附近同铭摩崖石刻崖面倾斜，江舟不便观瞻，因故再刻置此石，且海拔高出10米。

石刻高程原左江边上90米处。1994年，因修三峡大坝需要大量的砂石，个体船户于此开采碎石，加之雨蚀，致使石刻悬空坍塌，滚落江边，长年被江水淹没。

2002年元月，长江水位下降很低，该石刻部分露出水面，工作人员把它从江水中用土办法吊到船上，然后从归州南岸的江边碎石滩，搬运到秭归新县城博物馆后院内保存。

原石刻位置

出水

起吊

装船

上岸

路别云泥拓片

9. 五马桥历史水文题刻

"五马桥"历史水文题刻，位于长江右岸，秭归县归州镇东门头村五组，距村西约250米处五马桥西侧的一块崖壁上。海拔100米，坐南朝北。

石刻石质为褐红色砂岩，岩石由下至上向北面倾斜30°。

岩石右边双线阴刻"五马桥"三字，三字的周边为长66、高34厘米的长方形阴刻双线边框。字高13、字径14、字距8、刻深0.2厘米。下面阳刻"长生坊"三字，字高13、字径14、字距11、刻字凸0.5厘米。

左边阳刻"天子万年"四字，字高13、字径14、字距16、刻字凸0.5厘米。其下阳刻"地灵人杰"四字，字高14、字径14、字距8、刻字凸0.5厘米。

在历史水文石刻，记录了三个不同时期峡江洪水的水位高度。分别是：

"大清乾隆五十三年戊申□□"；

"嘉庆元年丙辰止六□□桥洞上"；

"咸丰十年大水到此志（至）桥上六月初一日止"。

字高7、字径6厘米，阴刻，刻深0.2厘米。记载有关"水文"的内容为线刻，重叠刻在"天子万年"或"地灵人杰"之上。

石刻位置

"五马桥"石刻

巴东段石刻

"五马桥"石刻拓片

历史水文题刻拓片

10. 玉虚洞题刻

　　玉虚洞题刻，位于秭归县香溪镇八字门村二组，香溪河东岸谭家山山腰。又名神农洞、玉石洞。洞口呈半月形。海拔90米，坐东朝西。

　　进洞口沿陡坝下50余步行即至洞底，洞室开阔挨洞地面比较平坦。南北长42、东西宽31.5米，洞顶高约10～15米。洞内有洞。"玉虚洞天"四个大字为双钩线刻，笔画略有凸起。石刻高57、宽172厘米。字高53、字径38、字距19厘米，刻深0.2厘米。

　　据《寰宇记》载：此洞启于唐天宝五年（公元746年），一群猎人追捕野兽至此，发现了这个奇妙的山洞。《归州志·八景》对此洞也作了详细的描述："唐天宝五年有人遇白鹿于此，薄而观之，洞壁间有异纹，略作龙虎、花木之状，东石正园如日，西石半规如月。中有石三座，钟乳下滴，结成佛像，列于前后，温润如玉，因名玉虚洞"。其内尚存："玉虚洞天"及贾选、毛铎等纪游题刻。

10-1. "玉虚洞天"题刻

制作拓片

"玉虚洞天"石刻

玉虚洞天拓片

玉虚洞内宋代 纪游题刻

贾选题名拓片

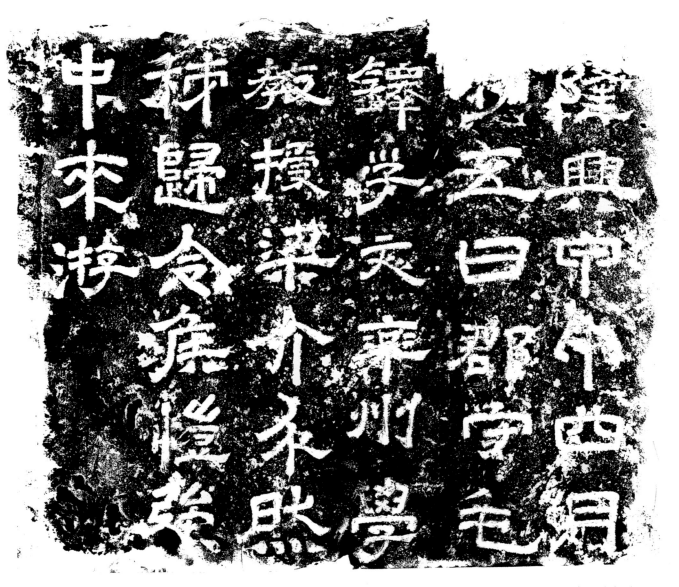

毛铎题名拓片

巴东段石刻

10-2. 毛铎题名

在贾选题名下方，幅高80、宽90厘米。竖排六行，满行6字，共计33字。字高9、字径10、字距3厘米，阴刻，刻深0.6厘米，刻槽呈平状。【石刻内容】：

"隆兴甲申四月初五日，郡守毛铎学文，率州学教授梁介永然，秭归令侯恺强中来游。"（隆兴甲申为公元1164年）

10-3. 贾选题名

洞内"玉虚洞天"石刻洞口的右下方约3米处，是宋代的游人题刻。在不平崖石表面上线刻，石刻幅高67、宽80厘米。竖排十一行，72字。字高6、字径5.5、字距2厘米，阴刻，刻深0.2厘米。【石刻内容】：

"吴兴贾选子公，同家弟□子珍，乾道六年八月十日游玉虚洞。理掾富顺赵鉴明叔'遣人以西江月词为予生朝□辰□。是月晦，明叔拉琅邪尉敦诗伯言，眉山吕天麟元祥，三谷刘旦德远来游。"（乾道六年为公元1167年），此石刻能引起人们的兴趣，主要是它的书写格式是由左至右的书写方法，这与我国传统的由右至左的书写格式不同，这种打破常规的书写格式，在秭归发现的所有石刻中，只有这一块。其次是它记载了知州贾选过生日时与其弟一同邀约了几位知己游玉虚洞，咏诗题赠纪念。

11. 李拔　香溪孕秀　清

"香溪孕秀"摩崖石刻，位于香溪河与长江左岸交汇处，刻于香溪河左岸水府庙旁一块巨形石灰岩之上。在香溪镇东600米。海拔80米，坐东朝西。

石刻幅高76、宽225厘米，方框凹上约2厘米，从右至左横向阴刻"香溪孕秀"四字，字高45、字径36、字距12、刻深1.2厘米，刻槽底部较平。题首"乾隆辛卯"（1771年），落款"西蜀李拔题书"，字高8、字径7、字距6厘米，阴刻，刻深0.2厘米。

原来石刻的"孕"和"秀"字，该石刻的年号，款识均在"文化大革命"中被凿坏，但字迹自今可辩。

香溪河下游通长江，在河流的中段是兴山县是王昭君的故乡。据当地村民传说，当年王昭君在河里梳洗秀发时，不小心把心爱的绿色串珠坠入河里。由此，河水逐渐变得碧绿透明，加之河床两岸银花硕果，美不胜收。清朝乾隆时期的荆南西蜀观察使者李拔沿河观察水情时，看到此处山清水秀，美景入画，提笔写下"香溪孕秀"四个大字，并刻在岩壁上，以留千古。

"香溪孕秀"石刻

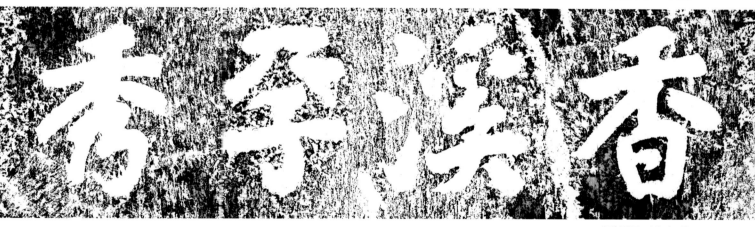

"香溪孕秀"拓片

12. 李拔　安怀楚甸　清

　　该石刻位于屈原镇（新滩镇）黄岩石壁上。石刻从右至左横向阴刻"安怀楚甸"四字，刻槽呈平状。题首"乾隆庚寅"（1770年），落款"西蜀李拔题"。记录了甸（新滩）这个地方是楚国边远的地方，当时的人们生活平安祥和的意思。

　　1981年葛洲坝工程大江截流后，该石刻被淹于水下。

"安怀楚甸" 石刻 (资料照片)

西蜀李拔题　　甸　楚　懷　安　　乾隆庚寅

石刻文字排布示意图

13. 李拔　《公相石凿石行》七绝　清

　　该石刻位于屈原镇（新滩镇）左岸江边一块巨石上，刻于清代乾隆年间。全文阴刻，字体为行楷。内容为一首记述凿石通航的七言绝句，形容了当时的江滩险恶、浪大、航行艰难的情景。诗曰："危矶激濑浪排空，咫尺樯帆路不通，鞭石好随流水去，平成應許后先同。"后有一行小字："公相石鑿石行。"落款为：

《七绝》石刻（资料照片）

危磯激瀬
浪排空咫
尺檣帆路
不通鞭石
好随流水
去平成應
許後先同

公相石鑿石行
荊南觀察使者西蜀李拔峨
峰氏題書

石刻文字排布示意图

"乾隆庚寅嘉平（1770年）荆南觀察使者西蜀李拔峨峰氏题書。"

但是至今字迹清楚，字体潇洒流畅。在历史文化和书法方面都很有艺术价值。

1981年葛洲坝工程大江截流后，该石刻被淹于水下。

14. 聂忠文　"北岸上滩渔坊"题刻　民国

屈原镇（新滩镇）长江右岸的江滩石壁上有署名聂炳章修建漕口的题刻。

新中国成立前，在退水时，秭归新滩镇渔户们常为争夺江边捕鱼漕口的主权而产生纠纷，甚至发生械斗。因此，新滩镇上滩一带的渔民就结成以渔坊为单位的组织，共同捐资修建渔坊漕口，共同享有捕捞的权利。并订立坊规，协调坊友间的利益并团结坊友，抵御外界的侵占。题刻的署名人应是"北岸上滩渔坊"的头人。

这种石刻是反映当年新滩地区渔业生产的组织结构和捕鱼技术的历史资料。

【石刻内容】

北岸上滩鱼坊自打滩后，数年以来，各处漕口均是聂忠文字炳章径（经）手修造。民国十三年甲子孟春。（民国十三年即公元1924年）

1981年葛洲坝工程长江截流后，该石刻被淹于水下。

15. 聂炳章　建筑渔坊漕口记事题刻

【石刻内容】

聂忠文字炳章建筑漕口之经过

炳章自光绪十五年乙丑修猫子石起，历廿余年，累崩累建，修口艰辛，迨打滩以后，渔坊更成石墟，炳章思捕鱼为渔户之生活，更为国家之正税。若无漕口，既不能生活，更不能完国课矣。因此放弃一切，专心建筑，民国以来又廿年，始建

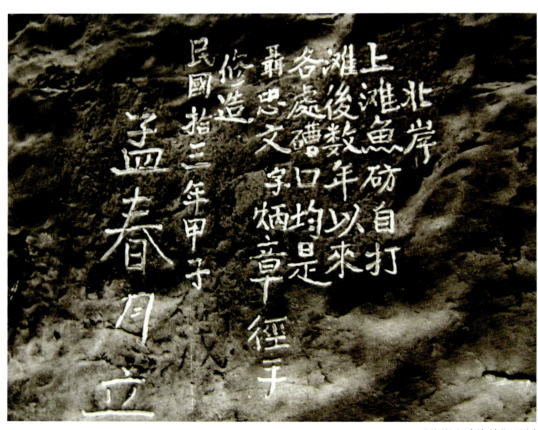

"北岸上滩渔坊"题刻

北岸

上灘鱼矼（坊）自打

灘後数年以来

各處漕口均是

聶忠文字炳章径手

修造

民国拾三年甲子

　孟春月立

石刻文字排布示意图

渔坊主权的时刻（资料照片）

聶忠文字炳章建筑漕口之经过

炳章自光绪十五年乙丑修

猫子石起歷廿餘年累崩累

建修當鯤辛迫打灘以後渔

坊便成石墟炳章思捕鱼爲

税若無漕口即不能生活更

不能完國稞矣因此放棄一

切專心建築此永久衣食之基

年始建成此永久衣食之基又廿

業数十餘年之心血盡瀜于

此兹特雋于石望我捕鱼大

衆保此國稞實炳章之厚望

民国二十年四月聶炳章利

修坊工　　姓徐

上口云者炳章不过表示

歷来建築漕口所費心力

究系为口充公共生活起

見故關於坊務需用皆赖

衆坊友捐资嗣后深望诸

坊友内則化出私見同遵

坊規外則衆志成城共禦

狂澜庶幾我辈生活可久

外界歷迫易殲是則炳章

幸甚众坊友亦幸甚用特

再志数言以期永垂不忘

　云爾

　聶炳章再撰

石刻文字排布示意图

巴东段石刻

成此永久衣食之基业。数十余年之心血尽呕於此。兹特镌于石，望我捕鱼大众，保此国课，实炳章之厚望。民国二十年四月聂炳章利修坊工姓除

上□云者炳章，不过表示历来建筑漕口所费心力，究系为□充公共生活起见，故关于坊务需用，皆赖众坊友捐资。嗣后深望诸坊友，内则化出私见，同遵坊规；外则众志成城，共禦狂澜，庶几我辈生活可久，外界压迫易殲，是则炳章幸甚，众坊友亦幸甚。用特再志数言，以期永垂不忘云尔

聂炳章再撰。

1981年葛洲坝工程长江截流后被淹于水下。

16. 对我来题刻

"对我来"摩崖石刻，位于庙河峥岭滩江心的大珠石崖上，峥岭滩为长江三峡"险滩之冠"，谚云："青滩、泄滩不冥滩，峥岭才是鬼门关。"此处滩深流急礁石林立。特别是船行下水时稍有不慎就会触礁沉没，害舟无数，峡江船工们在长期实践中，摸索出船行下水过此滩时，船头必须对准大珠石顶端的一块礁石行使，借助水势才能安全过滩，并在此礁石上刻上"对我来"三个大字作为船过峥岭的航标。

1981年葛洲坝工程长江截流后，该石刻被淹于水下，尺寸不详。

"对我来"石刻（资料照片）

第三章

秭归段石刻

巴东段碑刻（11处）

1. 镇江阁碑记（4方）

　　王爷庙（又名镇江阁），建于巫峡内的大江转弯处长江右岸，地处巴东县官渡口镇楠木园村东300米处。

　　历史上行船多在此停泊。镇江阁坐西向东，便于俯览江上行船。始建于嘉庆十六年（1811年），道光二十五年（1845年）曾加修葺。庙内紧贴左侧墙壁立有《镇江阁碑记》一通，分刻在四方碑石上，包含内容为：碑序（第一方）、庙基来源及四至界限、厘金条规，交付厘金人的名单、庙宇领修人名单、碑文结尾处刻"皇图巩固，帝道遐昌"颂词。此碑由戊寅科举人、刑部司官、特授巴东县正堂松寿撰文，薇林居士陈家煜出丹。石匠向义国、向智聪、董开科、胡宗华等刊镌。道光二十五年仲夏月上浣谷旦立。

复建后的王爷庙

庙内墙上四块碑
① 《镇江阁碑记》碑序
② 续一
③ 续二
④ 续三

这四方碑石的尺寸分别为：高136、宽74、厚6厘米（第一方），高136、宽72、厚6厘米（第二方），高132、宽79、厚4厘米（第三方），高135、宽79、厚4厘米（第四方）。

【碑文内容】

江湖兢脩　王爺廟，尚矣！而楠木園，實當大峽之沖，上通巫峽，下接秭歸，山峻水駃。灩澦、油沱、黃牛、白馬爭奇突出，暴怒偃蹇，奔騰而澎湃，其險也若此。其賴　王爺之護佑也為尤甚。當先未有廟宇，嘉慶囗六年，各船戶齊心協力，商仝店家積貯厘金，創脩殿宇，鳩工庀材，闢幽鑿險，越十餘年正殿成而兩廊廂房未脩。王爺金身裝，帳帷製，而火神、財神未塑，如是者又有年。苦積厘金，重加脩造，告厥成功。事歷兩朝，人閱幾輩，皆由地方歉欠，生意囗末，無多殷實以為之捐貲也。落成之暇，時偕二三僚友徘徊扵其間，竊見山之宮、雲之浮、水之澈、湍廻巧獻伎於茲山之下。升高而望，則哀猿之聲與耳謀，層巒之狀與目謀。西連白帝，北達黃陵，銜遠山，吞長江，朝暉夕陰，氣象萬千。洵巴邑之名區，荊楚之大觀也。且名其閣曰鎮江，亦匪徒然巍巍高座，永鎮江關。王爺之靈爽，實式馮焉！以故輪流興販者未遽居奇，而往還順遂，無大艱險。即過去客商，不時停泊，便且易安，無不沾茲沛澤。茲者廟宇雖成，尚未置常住供奉香火，是有創於前而無以善於後，終非萬全之策也。爰刊石勒碑，鐫載姓字，仰冀同人，無忘初念，募化善士，各助厘金，買置田產，以為常住香火之資。俾得永垂不朽，則我等亦與有榮施焉。

秭归段石刻

《镇江阁碑记》碑序

江湖赣陶、王爺廟尚美而楠木圓實當天峽之沖上通巫峽下接秭歸山鯪水

馭艷瀲油沱黃牛白馬爭奇突出暴怒倔塞奔騰而澎湃其險也若此其賴

王爺之護佑也為尤甚當先未有廟宇嘉慶六年各船戶齊心協力商仝店家

積貯厘金創俻殿宇鳩工庀材閟幽鑿險越十餘年正殿成而兩廊厢房未脩

王、爺金身裝帳生製而火神財神末塑如是者又有年若積厘金重加俻造告竣

成之暇時偕二三友徘徊於其閒窈見山之宮雲之浮水之激端迴及獻役於

成功裏歷兩朝今閱幾革皆由地方歟灰生意微末無多殷實以為之捐貲也豫於

茲山之下升高而望則哀猿之戟與目謀西連白帝北達黃陵

鎮江亦匪徒然巍巍高座永鎮江關、王爺之靈爽實式憑馬以故輪流興販者

衙遠山孝長江朝暉夕陰氣象萬千洵巴邑之名區荆楚之大觀也且名其閣曰

未遽居奇而往還順遂即過去寬商不時停泊便且易安無又沾茲它

澤茲者廟宇雖成尚未置常住供奉香火是有創於前而無以羨於後終非萬

之策迺爰刊石勒碑鑴載姓字仰異同人無忘初念篡化善士各助厘金賈置由

產以為常住香火之資俾得永垂不朽則我等亦與有榮施焉

《镇江阁碑记》碑序拓片

秭归段石刻

-73-

廟基向姓公施，其地界：東抵亂石窖直上，南抵塄坎横過，西抵流水湞直上，北抵河心，四界分明外人不得侵佔

計開厘金規條

一、布疋故衣，每捆厘金錢廿四文；棉花每包錢廿四文；襍貨照水力隻數，厘金錢廿四文；川襍貨照水力，每千錢十六文；

一、過江：草帽菸葉，每捆厘金錢八文；毛　鐵每並錢八文；山貨藥材，每隻厘金錢八文；燒紙每百塊，厘金錢二十文；

一、過江桐油、菜油，每擔厘金錢四十文；靛，每包厘金錢六十四文；過江火酒；每百斤錢四十文；鄉下火酒，每挑錢二十文；

一、糟坊、麯坊所用糧食及下坡襍糧，每石厘金錢十二文；外客撥各店糧食亦十二文；過江米與襍糧起坡，每石厘金錢二十文；

一、鹽引，每張厘金錢一百六十文；染坊大小布，每百疋錢二十文；牛皮，每捆錢十二文；枯餅，每十餅錢四文；過客豬載每隻錢四文；

一、董市宜昌磁器，每隻十二支厘金錢廿四文；糕餅糖箱，每隻錢十二文；過江麯并（餅斤），每石錢十文；本街猪，每雙錢十二文；

一、本幫舡隻捐錢弍千四百文，外幫舡装載捐錢八百文，拖櫓辰撥捐錢四百文，其厘金每千錢十文，□□□　　每隻錢八文。

黃正文　趙代勝　秦萬選　譚應才　胡宗華　周光群　向發忠　黎永宗
張發選　向宗楊　黃文智　曹正位　馮大升　秦於位　藍元鳳　蘆佳貴
周光華　謝孔如　黃培道　向　年　譚裕武　向開倫　夏良忠　向朝禮
樊進國　劉文運　王安禮　向鏑禮　石生明　劉自岡　岳世榮
李應元　楊之朝　朱升德　夏東□　向品禮　楊萬選　譚發富
黃士義　向鈐禮　譚士順　張大順　陳世位　雷大恒　杜元安
周啟烈　向宗□　周左堂　譚應科　劉萬俊　蔣佳洪　張開舉　藍成璧
周士順　朱正茂　周士血　鄧書應　鄭　潘　杜應升　張國文　黃士春
譚年庚　黃世明　吳壽元　鄧付榜　屈　湖　黎正官　李裕太　周宏壽
熊正群　王正煥　向曾禮　熊大學　蘇正禮　向智和　張錦純　賀亦朋
何正道　鄧武忠　譚裕泰　王世律　梅　位　田永積　梁忠貴　熊美德
李文魁　吳太元　黃萃援　韓佳孔　陳光興　劉文門　汪富明　陳恒元
張光珎　向岡榮　蘇正甲　譚發貴　劉□仁　張開科　邵啟明　向官倫
周士海　周啟鳳　黃勝明　叚兆玉　田慶禹　向林遠　徐尚元　洪宗信
萬明德　張明揚　向新禮　羅長順　楊萬福　田繼昌　胡明楊　黃興典
楊榮春　向宗葵　向鈞禮　石用道　毛春茂　蘇　連　向容禮　陳　貴
馮光友　周士友　張子榮　黃天福　向官祥　趙大忠　劉萬秦　李大倫
李正才　向義斌　黎正良　陳　福　郭長興　黎文開　譚有順　戴仁先
謝發榜　樊進朝　蘇正元　熊錫聘　向義福　曾應和　郭昌林　王　宏
宋祖貴　馮玉貴　周天相　譚光泰　劉世萬　潘　華　劉萬森　朱乾鳳
石用德　王元相　許元昌　周士道　黃志貴　田慶潘　李大年　覃之華
崔　容　石美松　邵于武　向元禮　譚年光　向執禮　江正林　向宗茂

镇江阁碑记（续一）

秭归段石刻

镇江阁碑记（续一）拓片

向一成　徐榮龍　顧大燕　楊文葵　李秀東　向鎧　禮□　胡志魁
馮大德　向鎮禮　譚正江　周士福　陳世位　宋大林　傅邦福　鄧全付
何義明　曹大成　朱定松　楊萬年　向錦禮　稅啟祥　鄧延發　趙貴權
餘啟龍　鐘大松　鄧全泰　張家訓　周啟全　陳景朋　杜方貴　向文龍
周德文　劉世舉　周啟貴　田永錫　王宗代　梁萬成　朱立正　杜金祖
劉金良　趙富智　熊大順　向文廣　李大用　陳猷勳　周啟福　田永相
田慶珏　李大明　杜金福　李美　黃邦□　劉武星　李□年　熊大祥
李大興　萬明興　周啟傑　陳槐　文一才　馬永和　鄭再□　朱如章
譚應元

楊大順、李正芬、周進年、向開貴、謝賜義、陳合興、張□彬、熊占魁、
譚達道、刘道秉、李勻邑、陳□元、□□店、袁尚□、中興店、王光早、
樊正倫、楊志遠、馮興夏、田年豐、崔昌秀、陳天元、張進修、邹□□、
魏義莫、蘇恒□、正興店、楊大文、福□順、李憲惠、黃條招、譚長仁、
周德祿、李端典、黃栢茂、張廷溆、萬國進、王道禄、徐圣端、羅正興、
陳□□、范正貴、大有店、李元和、童宇文、□和盒、吳應文、熊諸壽、
王文龍、慶興店、徐相元、向本礼、胡文壽、謝純□、黃正先、田开畴、
廣盛店、李士德、天吉店、李季榜、焦明如、鐘正興、仲一奎、邹鼎□、
王應寿、李士□、刘荣升、刘永茂、黃美昌、李品越、楊春槐、李亨豐、
泰源店、順豐店、徐慶早、劉永盛、王世田、李光明、龍乾芯、李大衡、
陈　代、鄧武□、美瑞店、冯朝盉、周複具、劉世棋、王志億、向緒恩、
恒源店、唐垂榮、陳傅道、黃隆興、郭啟珎、易光礼、厩源茂、熊世富、
何一愷、田朝选、永順店、楊永具、李正貴、周德春、張義順、鄒重申、
姜太舉、王国喜、宋致和、李和堯、石文彩、郭明海、張如忠、張學洪、
源生店、楊萬林、廖國柱、向士曾、黃宏發、李必貴、徐萬順、雷正富、
焦世義、陈今林、集順店、曾世順、肖□龍、郭元甲、毛大茂、趙有志、
蔡以聖、向士充、付大興、康昌榮、田□□、余三才、鄭開永、李文堯、
寧豐店、魏明旺、崔吉泰、熊義生、陳淮晏、聶永茂、魏貴武、王振泰、
胡明泰、方成舉、黃宏□、張傅年、王吉斌、沈益泰、王奠邦、李耀曾、
□金順、李大祥、福謙成、慶和吉、彭先富、朱子綱、田秀柏、李光德、
王繼斌、譚宗紀、鄧逢善、李乾貴、天茂店、馮永金、張天吉、李照朝、
裕成鹽、戴恒興、李大槐、鄧永順、新茂店、黃文璠、張萬明、王孔祥、
聚　泰、唐豐生、敦裕店、康国榜、羅宗坤、陈旭發、大成鹽、振昌店、
侯華章、劉□遠、李明琇、陸　元、邹德貴、楊国倫、陈元漢、傅學□、
周光蕃、刘吉昌、吳天明、朱国學、義順鹽、恒生店、李學英、吳士勤、
黃國興、劉加友、田永坤、郭吉珎、阮應元、張小黃、龔學榜、李和達、
賀東元、李大□、景順鹽、章恒和、李學煥、盛恒生、向正堂、田友忠、
田慶柏、王□武、謝全禄、邹□成、張定朝、祝洪順、賀金和、曾□□、
裕茂鹽、□隆店、姜英琴、興泰店、德義店、稅應太、张国元、刘宗文、

秭归段石刻

三峡湖北段沿江石刻

镇江阁碑记续三拓片

秭归段石刻

李国鳳、王和兴、李啟華、崔洪毅、石三施、稅應和、屠　案、平和店、
田三泰、張□順、□廣店、李端奎、邹□楊、田洪茂、蔣茂隆、聚　昌、
胡錦泰、張光□、顧同州、祥發店、謙茂店、蘇天盛、□和店、大興店、
戴文秀、曺相國、譚国本、譚世魁、張文珎、崔昌□、陳惟選、曾永和、
裴来升、向松茂、祥茂店、謙和店、孫在天、童惟周、李國鳳、王國琮、
黃世祥、陳有英、嚴有年、□開和、周本兴、刘萬順、馬生源、何兴貴、
泰和店、萬順店、田永明、胡世祿、王邦德、田永惠、朱聖珎、徐年松、
德謙店、鄭兆葵、仁和店、尹新道、吳正榮、文定愷、佶□隆、乾泰店、
焦世龍、陳崇元、李大炳、雙和店、鄧文先、龍澤石、周複年、彭王宗、
郭吉清、□如来、李荣芳、張世美、義順正、永興店、侯華桂、李□才、
向□傳、劉明興、鄭云齐、姚永兴、屈德遠、刘□炳、□英魁、□景耀、
龍元貴、張　洪、長髮店、謙順店、戴學秀、黃文榜、桂其芳、張天位、
信成店、祝友才、彭先富、王□□、康□化、郭吉珎、李學金、李昌荣、
同泰祥、恒順店、義興店、陳雲言、羅祖朋、周國珎、徐□如、張文珎、
康国成、鄭□□、林士化、郭元太、田庆揚、熊正元、吳信茂、橫足店、
方忮明、田永紹、張恒泰、張□榮、周天興、稅應海、吳義茂、魏一□、
文興順、沈茂宣、葉豕文、王發興、泰昌店、德義店、田開裕、盧德昌、
石美華、陳文顯、田萬全、張光武、王三益、鄭開荣、肖勝朝、向義□、
陳学乂、孫　愷、隆昌店、協和店、侯同仁、葉永林、胡世壽、張世榮、
朱何□、嚴有鵬、江大瑶、向用礼、肖勝宗、李正㘴、周大珎、文緒倫、
楊複盛、祥元店、正昌店、陳大富、劉廣茂、何宗賢、陳益兴、趙永和、
文耀富、向三礼、肖勝和、鄧文和、刘□共、龍泰盛、趙德豐、三和店、
□先哲、侯文舉、何永清、李國安、江正序、谢　忠、刘文□、譚金朝、
向敬礼、郭希德、徐年光、李學□、東元店、裕來店、王　愷、王明魁、
黃運純、馮有秀、刘士龍、田永秀、刘明星、毛正文、馬永倫、刘學富、
徐□芳、張□□、裕順店、源豐店、黃世鳳、□□□、義和店、李義茂、
郭元隆、刘士舉、德森店、曾广順、王永寿、刘萬昌、徐□□、恒泰店、
中孚店、付德茂、□萬□、劉在德、周長九、刘文樊、楊大奉、陳宗聖、
王義店、順發店、石大贵、□□□、毛廣茂、三元㕔、谢大昌、諶萬興、
張開龍、黃同興、同義店、田慶奎、祥荣店、陳萬福、李士楊、□定兴、
張□□廣大森、源□店、張吉唐、劉□□、源茂㕔、黃天昌、袁華景、
譚憲海、趙恒豐、童怡順、钟□□、悦和店、羅廣店、羅世龍、禿□□、
羅和選、孟榮堂、姚光春、陳宗倫、李明光、龍大兴、李□□、張帝廷、
曾榮秀、王邦富、王国瑢、姚和兴、侯天盛、王德珎、刘聖朝、殷大成、
張　登、董天盛、向克明、郭元礼、蔡老愷、喬兴盛、盧和順、傅明亮、

田世朝、鄧文典、張采林、李福先、王奠豪、向清相、劉榮升、稅應寬、
□洪發、王國監、沈錦豐、吳德光、朱時豐、賀□□、譚寧閏、朱正學、
王邦葵、謝定元、向知禮、李元會、王萬才、肖永和、肖傳科、譚宗茂、

镇江阁碑记续二

秭归段石刻

镇江阁碑记续二拓片

朱如章、恒和祥、伍美德、譚宗發、張遠鵬、譚宗進、傅邦榮、劉文喜、

鄧之□、郭劉富、曹忠澤、旭發廠、張天喜、王名忠、□世佑、諶厚敢、

黃協和、吳德遠、賀昌宗、羅茂升、吳應宗、李大雲、王文順、馮興河、

章開玥、曹立斌、唐立泰、杜王成、韋德玉、譚宗敬、譚開應、義發永、

草佳安、人和店、賀永昌、田天佑、向智朝、馮宗□、黃文般、李光耀、

許國昌、王開萬、楊公茂、屈萬發、譚宗位、陳壽柏、郭集太、覃明書、

光德店、李元春、張士泰、周萬夙、黃元端、□□□、王振庠、王可厚、

陶大順、潘聚茂、王冀熊、田慶喜、諶祥順、李福林、張全秀、鄧公興、

梅華玉、昌盛明、周　安、趙萬全、李邦懷、王仲介、鄭秀華、宗祖芳、

蘆章榮、江正第、向典禮、諶正順、蔡興順、李利義、田春發、田祥興、

陳永茂、稅應恒、張德慶、鄧永和、王邦聘、陳容順、何長福、石德美、

朱明國、錦順店、袁開珍、劉永順、顧隆太、張仁宏、李慶梅、黃利珍、

周世洪、宋金才、丁萬興、湯啟明、公發順、楊文祥、譚宗松、譚正訓、

陳昌元、王吉祥、劉亮祖、柳興順、李玉信、徐國□、田昌閏、周世重、

胡啟祥、宋源發、張大忰、張金富、王正忠、譚宗常、李文正、李義興、

石景哲、向義崇、羅憲章、郭元隆、胡良榮、王佳亮、馮萬順、胡宗祥、

魏昌舉、賴長太、鄒兆元、曾鼎太、魏家齊、楊茗文、陳萬發、劉良緒、

向智清、田昌速、謝恒發、王洪玉、譚宗發、李學景、張全愷、黃正常、

劉明興、周德盛、楊應順、黃學仝、鐘大梅、蔡明魁、陳恒祥、王大順、

向義科、祝慶遠、李新義、江大合、向文岡、徐紹貴、謝應江、田恒升、

羅芳進、田開和、□開斛、王奠傑、廖光意、黃發祿、杜永年、章三太、

魯協泰、周光貴、李之必、劉光德、張萬美、黃浚眉、王玉悅、田永清、

羅□貴、戴洪怀、孫淇源、鄧智安、沈應昌、賈德文、稅開書、田慶子、

謝家秀、田開發、陳宗恒、稅應萬、張家榜、肖正朝、岳世康、劉三和、

鄧文才、姚信泰、曾紀意、龍金相、鄭召怀、東春茂、陳邦壽、向智明、

張文玉、滕加雲、劉守吉、賀萬宗、侯文舉、劉複盛、周汝富、左友才、

黃大福、徐永昌、謝顯達、陳恒祥、□明忠、李方貴、雷秀全、吳文良、

李先其、鄧文樹、徐天泰、鐘大祈、屈朝貢、楊萬禮、方河榮、王萬永、

郭敦倫、向于禮、鄢亨太、江洪順、張義利、徐複興、田紀恒、姜天元、

石昌英、李大智、譚文愷、陳萬森、陳君林、江正敖、龍　瑄、徐慶倫、

韋正鵠、朱太元、賀永壽、王邦本、黃永勝、龍興順、張殿□、易光玉、

李故富、劉進德、黃邦葵、張啟雙、張複順、田同興、王茂松、張洪安、

高正興、吳義發、胡源昌、宋洪德、侯發三、屠□□、向宗洪、田際明、

王道祿、諶萬隆、張仲明、袁申貴、億和恒、李順祁、田道以、寥興義、

陳脩林、東昇店、賀大昌、陳國義、唐洪太、傅其祥、易超群、鄧文茂、

童文裕、宋仁和、張一龍、朱裕生、鄧登貴、李昌國、永順珍、蘇景太、

□永秀、稅祥吉、蔡宏貴、羅興文、喻德松、王均芝、鄧永盛、鄭祥興、

義興廠、劉正江、黃翠林、□□□、陳大庸、鐘廣順、劉有盛、陳耀祖、

秭归段石刻

共厘金錢壹千伍百陸拾仟　　　　　領脩：　向義才　趙代任　向義孝　劉世順

零多寡雖未悉載姓字卻　　　　　　　劉世鱟　向義明　向榮禮　向元禮

有前後

皇圖鞏固　　　　　　　戊寅科舉人刑部司官特授巴東縣正堂松壽拜譔

帝道遐昌　　　　　　　薌　林　居　士　陳　家　煜　謹　書

　　　　　　　　住持道曾教惠、徒李永捷、方永理、徒孫陳元生、向元明

道光二十五年岁在乙巳仲夏上浣穀旦立石　匠向義國、向智聰、董開科、胡宗華

等刊鐫

（以上四方碑石已随王爷庙的整体搬迁至巴东县博物馆所属狮子包三峡地面文物复建区内保护）

2. 黄河口义渡碑（1组3通）

　　黄河口义渡，处于巫峡中段，两岸山势险峭，江面狭窄，水流湍急，船头浪花飞溅，行船过渡，十分惊险。为便利两岸交通，百姓自筹资财重修造船支创设渡口，并刻碑为记。现尚存碑刻三通，分别为

　　重修黄河口义渡渡船碑、《黄河口义渡》功德碑和《造船碑志》碑，发现于长江左岸，官渡口镇楠木园村茅坝村三组（在楠木园村委会向上游约20里），海拔90米。

2-1.　重修黄河口义渡渡船碑

　　该碑高128、宽67、厚15厘米。石碑下端有石榫，榫高6、宽8、厚14厘米。碑上端断裂成4块。该碑刻于民国八年（1919年）。

　　【碑文内容】

额题：《万古不朽》

蓋聞：莫為之前，雖甚弗傳，莫為之後，雖美弗彰。我黄河口之義渡創立有年，修補船數十餘次，前年春，船壞不能載渡。

有首事向瑞信、向忠全、向忠和、向厚重、向朝楚等接充公首，將公事憤發振興，四鄉亦為樂捐，渡船煥然一新。今重修船碑，工將告竣，眾问

誌於予，予慨然應承，是以為序。

趙義和二千、向大信、向清信、向忠雅、向忠愷、向忠珍、向忠和、向代華、向代舉、單啓行、單宏平、李世安、李品三、向臣星、向傳□、梁啓發、鄧全才、劉武俊、劉志信、劉□笛、劉於奎、□□□、□□□、徐先□、徐秀臣、庹家福、王昌珍、王昌奎，各捐鈔壹串。

汪兴和、向智周、童应祖、李吉要、李光宗、肖有序、李吉光、李吉明、李吉達、李吉登、李吉双、李吉松、陳開榜、尹禮□、胡乐兴、李吉茂、李吉全、周荣富、徐发茂、尹光峘、尹宏剑、向炳信、單裕秀、單裕堂，各助錢壹串各陆百。

向彩信、向海信、向道信、向富信、向体信、向章信、向茂信、向依喜、向代兴、向忠松、向忠哲、向忠剑、向忠□、向忠諄、胡乐善、□德富、□□林、龍顕俊、單啓坤、單宏才、向世澤、向臣柱、李能仁、李厚□、

重修黄河口义渡渡船碑

重修黄河口义渡渡船碑拓片

三峡湖北段沿江石刻

江明尚、江明綱、肖有才、肖年銀、向厚德、向厚定、向洪現、向紹保，
各圞百，
向永昇、稅祥先、□宏□、□光俊、□洪寿、向智德、向智行、王思远、
付秀圞、付发祥、□□春、□□科、□□孝、□□超、□□清、□□福、
□□软、□□仲、□□贞、□□宾、單裕清、單裕珍、單裕厚、單裕福、
桂世容、桂世圞、桂世美、易孝旺、吳忠玉、孫光大、各圞百，
解詩經、庹家升、穆其茂、□祖王、李吉圞、李吉旺、李厚錦、李光栋、
向春遠、向臣栢、董继寿、董继康、董继明、向朝順、向朝俊、向朝官、
向朝彩、向朝文、向朝潭、張興志、趙廣盛、李惠远、易文伍、童臣立、
各圞百，向位信、向臣恕、徐秀宾、各三百。
單裕清、單裕苏、單裕俊、單裕祥、單裕圣、單大才、劉武秀、劉武才、
劉武貴、孫德福、孫德才、孫德順、李崇正、李崇德、李光恒、李厚金、
陳明玉、陳明道、陳貢才、陳貢德、張字太、張兴仁、向臣纪、向厚貢、
王從興、王從安、王從緒、王有俊、王厚安、肖年春、肖年昇、肖年登、
肖年斌、肖年丰、黃文□、黃光治、陳永昌、陳永圣、向傳茂、向傳盛、
向傳德。
向忠要、向忠盍、向忠才、向忠榮、向忠宜、向忠清、向忠武、向忠祿、
向忠恒、向忠臣、向忠□、向忠貴、向忠朋、向忠坤、向忠達、向忠貴、
向忠興、向忠发、向厚芬、向厚旺、向厚堂、向道信、向澤信、向愷信、
向士信、向位信、向洪信、向□信、向滿信、向金信、向位信、向貴信、
向官信、向昇信、向□信、向堂信、向壽信、向容信、向茂信、各式百。
董明照、江明发、江明玉、徐发茂、徐发軒、徐发章、徐发之、陳能貢、
陳能德、陳金貢、陳德圣、單啓釗、徐秀東、徐秀㑏、徐秀山、徐秀廣、
徐秀福、徐翠遠、徐翠才、徐翠昇、單宏坤、單宏其、單宏登、單宏沛、
單裕宗、單裕順、單裕平、單裕□、向代顯、向代安、向代香、各式百。
向智柱、向智怀、向智月、向智杰、向智堂、向智善、向智凡、向智統、
向智潭、向智斗、向智香、向智恩、向智年、向智武、向智揚、向朝顯、
向朝茂、向朝魁、向朝烈、向朝殿、向朝行。
向臣珍、向臣善、向臣達、向臣柱、向臣貴、向臣純、向臣遜、向榮遠、
向堂遠、向堂思、向堂玉、向堂英、□□榜、□□山、□□祿、□□仕、
□明朗、吳炳秀，各式百。桂世寬、周方仁、任忠道、余文科、李成仁、
徐發直、徐發茂、單宏炳、單宏芹、李吉昇、李吉起、刘能剛、伍正林、
朱福志、朱永松、周遠清、易旺壽、李永揚，
彭定富、劉志富、何家纪、郭志春、趙先宜、李恩远、劉圀榮、張文根、
張明礼、張明仁、□广富、鄒莭之、宋光早、宋洪平、□武祥、李大崇、
張洪根、李吉美、稅祥礼，各式百。
□□記、李光□、郭志貴、陳永祥、李世松、黃光礼、各式百。何志普、
向臣香、向臣豪、各□□，陳永□□□，
民旺（國）八年十二月上浣初八日刊立

2-2. 黄河口义渡（功德碑）

该碑高100、宽60、厚7厘米，碑下端有石榫，榫高8、宽9、厚6.5厘米。碑右下角残缺。该碑刻于清光绪二十七年（1901年）。

【碑文内容】

碑题：黄河口义渡

囿人，向崇信拾串，向忠烈式串，向孝远四百，向□远四百，向良礼、向世开、四百，向世芬、各王□远、各式串向楚玉，向宏信、各式串胡家旺、胡正科各式百，胡正宜各式百，向智彦、吴香浦式串，薛永才、薛道远、谭守钧各壹串，向大信一串六百，薛清远五百

向□□，□□超、谭荣先、荣加瑞、李金金、田祥□、王世开、刘武安、□成远、薛義□、胡□□各捐四百，陈□華、向仲信、向朝□、胡□青、李□锋、李大□、宋光元、單□明、向朝□、向智康、向達远各捐钱式百□□□、周春远、□□□、向仕远、谢戊□、向朝烈、王昌豪、王克斌、□祥珩、陈□華、雷□□、雷云美、□世开、□仁貴、李金□、鐘千茂、李金满、王光□、王□□、王兴远、石生宝、李先富、何義周各捐钱式百向□、王月荣、□□、向上品、魏天□、张□邦、□□金、向忠義、向忠帧、李吉發、陈□才、刘文明、周光□、李世安、黄成元、徐先成、□太英、江明上、徐秀義、朱□諭、朱家□、朱永松、王從□各捐钱式百□胡□、□□□、□守明、□逢□、胡正安、刘光□、董純寿、董運祖、向智□、向盛□、向厚重捐钱式百，向忠禄、刘□安、向尊信、向容□、伍□洗各式百，向忠福、黄盛□、向□□、□廷金、□迪□、向忠烈、□孝文各捐一百一十

□□□、□□□、李□□、解正明、□盛信、汪迪之□……十文，余啟佳、向智光、向□信、向智连、向副礼、汪忠義、□□□、向運信、□□□、向□成、李□江、李光恒、陈□德、陈金魁、向忠貴、陈金義、盧□□各捐钱一百十文

□……唐盛□、□□哲、□□□、□兴武、胡家垚、陈金□、向厚□□……百廿文，單宏大、單宏平、张兴礼、□□信、單□贺、李吉光、李吉明、向清信、向智远各钱式百文，單□坤、李吉□、李吉昇□叁百

□……向□□、向□智、向□信、□成□、向忠□、徐先□、向達□、李光書、李光朝、张□文、赵□□、李□倫、□……钱式串四百盧隆□□

大清光绪二十七年十壹月□日立

《黄河口义渡》碑

《黄河口义渡》拓片

2-3. "造船碑志"碑

　　该碑下端残缺，残高67、宽72、厚10厘米。距"黄河口义渡"碑40厘米。该碑刻于民国十七年（1928年）。

　　【碑文内容】

碑题：造船碑志

领修首人：向瑞信、向忠全、向厚仲、郭合才、徐登茂、胡正□、□文根、赵义和、向大信、李厚大、谦先法、庆炎信、庆应祖、穆繼康、穆繼明、穆光朝、穆光顺、仼微夆、薛世田、薛世為、薛明遠、薛思遠、薛思□、薛思根、薛永才、薛承志、易玉、易德、易道、易孝旺、易傳悦、穆其元。

潭先清、潭先沛、覃先渾、潭先浩、潭守鈞、潭紹楚、潭雲先、潭崇仔、潭祖培、任忠清、任忠道、伍炳照、伍炳西、伍昌滿、赵維海、赵開國、赵永和、赵發海、徐先準、徐順遠、□文章、穆光達、郭志松、馬興雲、庆家申、陈先法、邊孝全、□先春、王從元、向朝彦、□家明、劉□之、單裕兵、單裕詩、單裕堂、單裕福、單裕生、單裕登、單宏剑、單裕才、單啓坤、單啓□、單啓行、單啓雙、李吉松、尹礼譙、范玉成、永興和、永光棟、李忠恕、李吉茂、李寬仁、李正國、李厚忠、李明玉、李明華、李明順、向代夆、向代興、向代品、梁啓發、單□才、□年桂、□光大、孫德福、□□岡、王從又、胡文遠、周元衛、周厚笙、周臣忠、周朝順、向臣星、向巴、陈紹芹、盧中西、劉玉方、向臣魁、周遠達、向厚德、向祖玉、□德富、向忠烈、向厚道、向炳□、向從□、向金信、向忠文、向厚堂、向傳德、向忠旺、向忠祿、向忠清、向忠世、向忠愷、向忠貞、向道信、向富□、江光容、江明月、劉光月、盧于章、向朝才、向朝仲、向朝和、張太順、張太引、□洛金、李恩遠、李會遠、□年□、向朝楚、向朝準、向朝圕、肖玉成、肖富戈、毛□端、毛申□、李光□、向厚□、等等人民国十七年八。（各捐一至四串不等）

（以上三碑已搬迁到巴东县博物馆所属狮子包三峡地面文物复建区内保护）

造船碑志碑照片

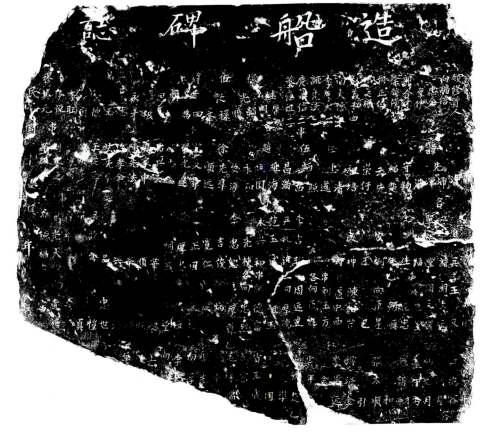

造船碑志碑拓片

3. 朱滋泽　登巴山秋风亭望寇莱公遗迹七律　清

　　秋风亭为纪念曾任巴东知县的北宋宰相寇准而建。位于信陵镇朱家巷，长江右岸。始建于北宋太平兴国三年（978年），明正德年间迁现址。清代多次重建与维修。现存碑位于秋风亭旁。

　　碑高127、宽66、厚10厘米。刻于大清光绪五年（公元1879年）。

　　【碑文内容】

百丈巴峰倚絳霄，高瞻白帝霽虹銷。

雷霆擊峽江奔走，雲雨空山夢寂寥。

尚有亭林蟠石嶺，曾無鎖鑰海門潮。

秋風暗度霜鐘冷，疑似澶淵鼓角驕。

登巴山秋風亭望寇萊公遺跡。

大清光緒五年秋七月崇慶朱滋澤題並書

（此碑现已搬迁到巴东县博物馆所属狮子包三峡地面文物复建区内保护）

搬迁复建的秋风亭

《登巴山秋风亭望寇莱公遗迹》碑

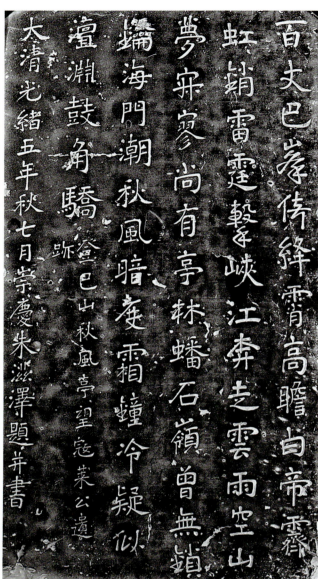

《秋风亭》拓片

4. 《济川桥》碑　清

济川桥位于巴东县东瀼口镇雷家坪村，始建于明代，清代重修。《济川桥》碑位于巴东县长江右岸，距离长江90米，距离济川桥3米，坐北朝南，竖立在通往旧县古城遗址的要道边。该碑刻于清乾隆五年（1740年）。

碑通高130、宽58、厚22厘米，碑额高30.5、宽58、厚22厘米，碑下端有石榫，榫高14、宽28、厚21厘米。

【碑文内容】

额题：济川桥

碑文：徒杠興梁，實王政之要；興廢舉墜，亦人事之難。予以邑小事繁，公務匆冗。亦聞知濟川橋之廢，冀其必有興之者。適有紳衿葉升陽、宋宗元以邑廩生田國亮、字寅工者，毅然獨任捐囊興理，誠義舉也。但予思此橋上通川蜀，下接荊襄，且深溝渠壑，峭壁巉巖，而工程浩大，資費莫窮，立是願者，不知幾經營度，幾費思維，經年累月而後能落成也。矧何幸而心堅志篤，工力匠民不日成之，而來相告復也耶。余樂與為善，口咕一絕以顏之曰："山谷崎嶇客路遙，途中恐遇津梁凋，幸逢修葺欣然任，瘦馬無聲重過橋吟商旅得安然而徃來者，非田國亮修治之功乎？予贊其功，記其事，以垂功烈於不休云。

湖廣宜昌府巴東縣正堂加一級紀錄四次吳雲客敬撰（其下鈐印二方）（蒲）圻縣工匠龔朋臣、劉友文，平正熊介圭

皇清乾隆五年庚申歲仲夏月吉日重修。生員田國亮、田國植，子元治、元洙、元澤，姪元淮、元洵、元浚建。

（此碑現已搬遷到巴东县博物馆所属狮子包三峡地面文物复建区内保护）

《济川桥》碑

《济川桥》拓片

济川桥碑刻位置

5. 重建飞凤桥碑记　清

　　"重建飞凤桥碑记"位于长江右岸，沙帽心脚下，紧靠"镇江寺"，即江北巴东县东瀼口乡、东瀼口村一组，处沿江公路旁。海拔80米。方位坐北朝南。

　　碑额高55、宽45、厚15厘米。碑额下端有石榫，榫高10、宽15、厚14厘米。碑体高167、宽78、厚14厘米。碑体下端有石榫，榫高16、宽33、厚14厘米。该碑刻于清乾隆二十二年（1757年）。

　　石碑由青灰石磨光刻字，呈长方竖形。碑额刻双龙戏珠浮雕，图案生动清晰，碑两侧有石砌护龛上设两坡水石质顶盖。顶盖两侧刻双龙，中间刻火珠。碑文楷书，阴刻。保存基本完好，字迹清楚。碑上部略有一点裂纹。

　　【碑文内容】

復建飛鳳橋碑記

邑治在大江之南，而北岸飛鳳山麓為通蜀大道。左有山溝，遇雨水大發，行旅多阻。攷（考）志載；舊有橋樑，圮久矣。余蒞任之初，即有志脩復，以力絀未逮。丙子六月，鄉耆唐之官慨捐貳佰四十金，鳩工卼立。石橋高三丈五尺，寬一丈八尺。丁丑九月告竣。不特利濟徃來，垂之永久。且有裨合邑形勢，宜都人士欲乞一言，勒諸貞珉也。而之官欿然不自以為功，蓋早歲隨兄唐之元前任安陸府潛江縣廣文明經公，服習名教，務本尚實，不以貨利自私，前口令采輿論上之。大憲旌以冠帶，即今敦善行而不怠，尤出於中心之誠，然非以希名也。余謂徒杠輿梁，王政所重，有司之事也。今好善樂施，能助有司之所不及顧，不可嘉欤！爰樂為記之，以示不朽云。

前任勅授文林郎　　特調湖北宜昌府巴東縣知縣紀錄三次祁陽伍澤槃撰文

現任文林郎知巴東縣事宋兆元。

鄉耆唐之官捐修

屵

石匠蒲圻縣龔天海

皇清乾隆二十二年歲次丁丑九月　　吉旦敬立

（此碑已搬迁到巴东县博物馆所属狮子包三峡地面文物复建区内保护）

碑额图案拓片

龛顶两侧图案拓片

石碑位置

《飞凤桥碑记》碑

復建飛鳳橋碑記

邑治在大江之南而北岸飛鳳山麓為通蜀大道左有山潡遇雨水大發行旅多阻及志載

舊有橋梁圮久矣余蒞任之初即有志脩復以力絀未遑丙子六月鄉耆唐之官慨捐貳伯

四十金鳩工叛立石橋高三丈五尺寬一丈八尺丁丑九月告竣不特利濟往來垂之永久

且有裨合邑形勢宜都人士欲乞一言勒諸貞珉也而之官歘然不自以為功蓋早歲隨兄

唐之元前任安陸府潛江縣廣文明經公服習名教務本尚實不以貨利自私前今採輿

論上之大憲雄以冠帶即令敦善行而不怠老出於中心之誠然非以希名也余謂徒杠輿梁王政

所重有司之事也今令娟善樂施能助有司之所不反頋不可嘉歟爰樂為記之以示不朽云

勤授
文林郎　特調湖北宜昌府巴東縣知縣紀錄三次祁陽伍澤綮撰文
現任

前任
文林　郎　知　巴　東　一縣　事宋兆元
鄉耆唐之官捐脩
石匠蒲圻縣冀天海

皇清乾隆二十二年歲次丁丑九月　吉旦敬立

重建飞凤桥碑记拓片

碑记复原效果图

6. 修复无源桥记　清

无源桥位于长江右岸巴东县信陵镇东南1.4公里，东西向跨无源溪，为单孔石拱桥。始建于明代，清代重修。修复无源桥记碑位于无源桥以西，一条狭窄的小路边，东边有"灵山圣境"石刻，前面是数十米高的悬岩陡壁，海拔108米。

碑通高148.5厘米，碑额高46、宽69、厚18厘米，碑额为委角。碑额刻麒麟、凤凰图像，碑体高102、宽64、厚16厘米，左右两边有4厘米的花纹镶边，下边有5厘米宽的花草纹镶边。碑下有石榫，榫高8、宽14、厚16厘米。该碑刻于清光绪癸卯年（1903年）。

【碑文内容】

额下横书：永垂不朽

修復無源礄記

無源礄在邑治下游二里許，溪流奔決，直下大江溪口，積水成潭，深不可竟。二岸石壁千仞，猿猱絶跡，橋抵崖石作甕而成。居人以其險巇，人力難及，競傳仙跡。又以其流出自無源洞，因以名焉。壁間石龕供觀音像，旁有前明宏治年題字。按志載，向友仙建，向時改建以石而不詳時代，其來蓋已古矣。近歲橋為山石所擊，半就傾圮。邑之善人集貲謀修治之。余聞而嘉焉。計余　自辛丑來令是邑，孜孜皇皇，

无源桥

期積勤以補吾拙，而是橋近在眉睫，逾二年，緣議修始得一至，可見事之失於所忽

者多矣，得不愧乎！亟捐廉錢拾千，俾助其成。而書其事，以識吾過且旌善人。光

緒癸卯二月，知巴東縣事甯鄉錢榘記，邑人沈維浚書

公同捐助

蕭才俊十四串　沈明蓀十四串　　　　石匠鄭芳昌刻

陳世烈十四串　宋鴻源　四串　　　　存本錢十串二分行息

張學鎧　　四串　王必學　八串　　　以作歷年夏月施茶

（此碑已搬迁到巴东县博物馆所属狮子包三峡地面文物复建区内保护）

"修复无源桥"碑刻照片　　　　　　　　　　"修复无源桥"碑刻拓片

秭归段碑刻（25块）

1. 宜昌府归州正堂　谢告示碑

该碑位于秭归县泄滩镇公路边，长江左岸。

碑高224、宽98、厚22厘米。碑体上下两端均有石榫。上端榫高6、宽17、厚15厘米，下端榫高16、宽40、厚22厘米。该碑刻于清道光六年（1826年）。

【碑文内容】

额题：永垂千古

碑文：署湖北宜昌府歸州正堂加五級紀錄十次謝　　為給示勒石曉諭，永遠遵行事。照得州屬鳥石、叱角子、抬盤子、碎石灘以及鸂鶒大嘴、三嘴、斗篷子等灘，水急浪湧，兩岸縴路陡險難行。道光四年二月前任陳　奉督部堂李　扎諭，招募打鑿鳥石等灘，以利舟行。隨攄（据）據漢陽縣職員李凌漢，往來川江，目擊情形具稟，獨力承認。即於是年三月二十二日興工，將著名各灘改逆為順，鑿險為

宜昌府归州正堂谢告示碑照片　　　　　碑刻拓片

平，並培修叱角子、斗篷子縴路。至道光六年三月工竣，請示勒石。查該職員前在牛口、洩灘、四季堖、蓮花灘、八斗官漕、雷鳴洞、白洞子諸灘以及洩灘。牛口縴路，均已修理平坦。今復樂善不倦，修鑿各灘並徃來縴路，計工幾至千余日，計費不下數萬金，皆系獨力捐修，毫不分派派科欤，洵屬慷慨好施，為人之所不能為，本署州實深嘉尚。第恐無知之輩。在於縴路搭盖窩棚；取漁之人，在於灘次堆砌漁坊，以致有碍舟行；又恐地痞把持灘口，包攬縴夫，勒索重價，仍復為害商旅。合行給示，勒石曉諭。為此示仰各灘諸色人等知悉，嗣後搭盖窩棚，堆砌漁坊，必須在於毋礙舟行處所。倘敢故違，許商民船戶指明赴　州具稟，以憑嚴挐（拿）究懲，決不寬貸，各宜凜遵毋違。特示。

右仰通知

道光六年三月　　日立

告示　　　　實勒窑灣曉諭

（此碑現已搬迁到秭归县凤凰山古建筑群内保护）

2. 秭归县知事公署告示　民国

位于秭归县泄滩镇小么古沱。

该碑刻于民国十四年（1925年）。为方柱体，高71、宽37、厚33厘米，四面均刻有文字。碑体上下两端均有石榫。上榫高6、宽14、厚11厘米。下榫高7、宽14、厚12厘米。据此知刻原有顶盖及碑座均已缺失。

【碑文内容】

第一面碑文

秭歸縣知事公署　　　為出示曉諭事案據前歸鄉　　　周继庚

周继國直卿周配三王克全鄭春昌王必任宗光友周继瓚王稱為公懇（懇）賞示立案以杜混□而垂久遠事。前歸仁鄉口任八民，半在江南，半在江北。以及徃來行人每為長江間隔所累，曾經先輩在於楊家沱地方設渡船一支，以利行人。其有划夫辛酬以遠近有論。近處人民出糧食二升，遠者人民出糧食一升。□迄今二百餘年，毫無怨言，世世尊守無異。不料民國辛酉年反正後，渡船廢弛，徃來行人，親受無限影響，真擢髮難數。茲紳等仍踐先輩□□善舉，將楊家沱渡船成立，划夫業已招齊。辛酬一節，仍然率□□，然事雖已就緒，深恐良莠不齊，難免不無阻擾，□事無恐划夫遇有異鄉人氏，任意需索，亦未可知。倘划夫等心願辭退，務將渡船交還，紳等亦得隨意而去立法顧密無口均憲佈告告誡，終屬悃然。是以公懇作主，賞准發給佈告，粘貼週知，以全善峯（舉），實為公便等情。據此，除准予立案並批示外，為此示諭。仰該划夫等一體知悉，該紳董等恢復渡船，便利行人□屬義舉，毋得藉口阻擾，有礙公益，倘敢故違一經報告定當究辦。

決不姑寬此示

中華民國十四年三月十二日　　　知事李儀傑

告示　實貼楊家沱　曉　諭

秭归段石刻

方碑

第二面：

立自洩灘以上七里石山以下八里由王家碼頭熊家渡口者自一好船交付　板主后日仍照將好船交出　宋鴻愷，前清至民國大約式佰餘年每日令人推渡無停息口就一不在劃水之內者听其自便進則不出劃水任其板主宋洪善周繼香，近秋麥二季每年每戶各出二升遠則每年每戶秋季各自取出一升，以作招招舟子之公食至民國辛酉年口有不出一小船戶只准上牛口下洩灘沙鎮溪不准過橫河，劃水者船應渡口往來家周常有迷津之歎四境樂善一渡船只准過橫河不准上牛口下洩灘沙鎮溪，君子心願捐此資船複渡公食仍照舊一口口歸渡船，章以齊引人雖江水泱泱口遠近人等鹹稱方便其或一口推逐年更邊，問津者不必問津以歎滙者百有涯口是為序。一未出船資者任其板主自取，一船已離岸胡來洋船恐防礙事未上船者不准言辱板主，一裝牛過四佰豬子壹佰羊子五十文。

第三面

王宗剛四千、周祖召三千、王必生二千、周継興二千、周継祥二千、宋祖恒出項二千、汪永贊、汪長興各二千、周継國一千五百、鄭継遠、鄭継遂共十千、周継珍出項十千、宋光友募化、陳光玻九千文、宋洪玻二千、周祖同、周祖丙、周継瓚、周継昌、周継愷、周継富、周継洪、周継雲、周継宣、周大寶、周大生、周大明、劉囚全、殷兆祥、殷光兆、殷光德、殷光首、殷光林、殷光宣、殷習王、殷昌丙、殷昌克各一串，爐印舅、周継恒各一千、宋文壽、周継奎八千、周祖良六千、宋光友六千、宋克俊六千、王必全六千、王克順五千，第二面碑文：

立自洩灘以上七里石山以下八里由王家碼頭熊家渡口者自
一好船交付　板主后日仍照將好船交出　宋鴻愷
前清至民國大約弍佰餘年每日令人推渡無停息□　就
一不在划水之內者听其自便進則不出划水任其板主宋洪善周繼香
近秋麥二季每年每戶各出二升遠則每年每戶秋季各自取
出一升以作招招舟子之公食至民國辛酉年□有不出
一小船戶只准上牛口下洩灘沙鎮溪不准過橫河
划水者船應渡□往來家周常有迷津之歡四境樂善
一渡船只准過橫河不准上牛口下洩灘沙鎮溪
君子心願捐此資船複渡公食仍照舊一口口歸渡船
章以齊引人雖江水決決□遠近人等鹹稱方便其或
一口推逐年更邊
問津者不必問津以歡涯者自有涯□是為序
一未出船資者任其板主自取
一船已離岸胡來洋船恐防礙事未上船者不准言辱板主
一裝牛過江四佰豬子壹佰羊子五十文

第一面碑文：

秭歸縣知事公署　　為出示曉諭事案據前歸鄉　周繼庚
周繼國□直卿周配三王克全鄭春昌王必任宗光友周繼瓚王稱為公墊賞六立案以杜混　而垂之遠事前歸仁鄉口任八民
半在江南半在江北以及往來行人每為長江間隔所累曾經先輩在於楊家沱地方設渡船一支以利行人其有划夫　辛以遠近有論
近處人民出糧食二升遠者人民出糧食一升□迄今二百餘年毫無怨言世世遵守無異不料民國辛酉年反正後渡船廢馳往來行
人親受無限影響茲紳等仍踐先輩口口善舉將楊家沱渡船成立划夫業已招齊辛酉一節仍然率口口然事雖已
就緒深恐良莠不齊難免不無阻擾口事無恐划夫遇有異鄉人氏任意需索亦未可知倘划夫等心願辭退務將渡船交還紳等亦得隨
意而去立法顧密無口均憲佈告誡終屬惘然是以公懇作主賞准發給佈告粘貼週知以全善文舉實為公便等情據此除准予立案
並批示外為此示諭仰該划夫等一体知悉該伸董等恢復渡船便利行人□屬義舉毋得藉口阻擾口礙公益倘敢故違一經報告定当究辦
決不姑寬此示
中華民國十四年三月十二日　　知事李儀傑
告示　實貼楊家沱　曉　諭

第一面碑文排布示意图　　第二面碑文排布示意图

方柱碑第三面碑文排布示意图

王宗剛　周祖召　王必生　周继興　周继祥　宋祖恒　汪永賛　汪長興　周继國　鄭继遠　鄭继遂　周继珍　宋光友　陳光玻　宋洪玻

四千　三千　二千　二千　二千　出二千項　各二千　一千五百　共十千　出十千項　募化　九千文　二千

周祖同　周祖丙　周继瓚　周继昌　周继愷　周继富　周继洪　周继雲　周继宣　周大寶　周大生　周大明　劉[入]全　殷兆祥　殷光兆　殷光德　殷光首　殷光林　殷光宣　殷習王　殷昌丙

各一串

爐印舅　周继恒　宋文壽　周继奎　周祖良　宋光友　宋克俊　王必全　王克順　王必達　王宗明　王宗齊　王克鈞　王必用　王必祖　王必先　王必甲　王必清　王必義　王必魁

一千　八千　六千　六千　六千　六千　五千　各五佰　各四佰

周继全　周继文　周继唐　周继保　周继玉　周继容　周继中　周继達　周继全　周继遠　周继先　周继德　周继恒　周继庚　周继恒　周继佩　周继一　周继南　周继成　周继丙

各四佰文

周继丙　周继愷　周继雲　周大任　馬成告　杜成興　殷廷綱　宋大未　周光見　周祖口　周祖任　熊光前　熊明清　何明洪　何明愷　周祖口　周祖林　周祖遠　周祖六　周祖庚　周祖之

各四佰　各五佰　各四佰

周祖銀　周祖安　周祖恒　周祖全　周祖典　周祖桂　周祖子　周祖艾　周祖祥　周继香　周祖盛　周宗純　周必任　王必海　王必倫　王必烈　王宗直　王克召　王克廣

各四佰

王昌全　王昌興　周大雲　周大安　周立生　汪永德　周继口　周继怀　周继雲　周继元　周继俊　周继文　周宗寶　周宗富　周宗全　周宗雲　周宗國　周宗邦　周光芹　周继雲

各四佰　各二佰　一佰

汪继相　汪继口　汪继富　汪继永　汪继茂　汪继成　江上州　韓口明　陳興武　宋文盛　周继愷　周继興　周继恒　周继明　周继善　周继俊　周大地　周大紅　商長國　鄭銀昌　鄭邦國

各二佰

王必達、王宗明、王宗齊、王克鈞、王必用各五佰，王必祖、王必先、王必甲、王必清、王必義、王必魁各四佰，周继全、周继唐、周继保、周继玉、周继容、周继中、周继達、周继全、周继遠、周继先、周继德、周继文、周继恒、周继庚、周继恒、周继佩、周继一、周继南、周继成、周继丙各四佰文，周继丙、周继愷、周继雲、周大任、馬成告、杜成興、殷廷綱各四佰、宋大未、周光見、周祖口、周祖任、熊光前、熊明清各伍佰、何明洪、何明愷、周祖口、周祖林、周祖遠、周祖六、周祖庚、周祖之各四佰，周祖銀、周祖安、周祖恒、周祖全、周祖典、周祖桂、周祖子、周祖艾、周祖祥、周繼香、周祖盛、周宗純、周必任、王必海、王必倫、王必烈、王宗直、王克召、王克廣各四佰，王昌全、王昌興、周大雲、屌大安、周立生、汪永德各四佰、周繼口、周繼怀、周繼雲、周繼元、周繼伩、周繼文、周宗寶、周宗富各二佰，周宗全、周宗雲、周宗國、周宗邦、周光芹、

周繼雲一佰，汪繼相、汪繼口、汪繼富、汪繼永、汪繼茂、汪繼成、江上州、

韓口明、陳興武、宋文盛、周繼愷、周繼興、周繼恒、周繼明、周繼善、周繼俊、周大地、周大紅、商長國、鄭銀昌、鄭邦國各二佰

第四面：

善功永辦前人王克全、周祖典各一串文

永　垂　不　朽

收入錢壹佰壹拾玖串文

出付買船碑錢零用壹佰壹拾玖串文

（此碑現已搬迁至秭归县凤凰山古建筑群内保护）

（第四面碑文竖排示意）
善功永辦前人
王克全
周祖典
各一串文

永垂不朽

收入錢壹佰壹拾玖串文

出付買船碑錢零用壹佰壹拾玖串文

第四面碑文排布示意图

3. 归州屈原庙公议酌抽庙费以供蒸尝碑

该碑位于秭归县归州镇内。

碑高136、宽72、厚6厘米。碑本下端有石榫，榫高7、宽19、厚5厘米。该碑刻于民国五年（1916年）。

【碑文内容】

额题：《千古不朽》

夫中國以神道設教，寺觀廟宇，咮遍環區，祭祀慶祝，殆無虛日。惟我　屈原廟建茲僻壤，多歷年所，宮室雖隘，靈應常昭，惜地瘠民貧，其廟租也寡，其　神宫（享）也艱。每逢祀典　募化頗難。予也往來上下，登臨悵望，不禁欷歔感慨，有若廢刹焉！丙辰春，有高君玄口言，旋歸里瞻廟貌之巍峨，傷俎豆之缺乏，思剝船之停泊，堪解囊以共勸。口邀集經理灘務諸君及眾剝船板主，公同會議，酌抽廟費。每只剝載一次，無論船之大小，扌錢五拾，概由各客幫扣留，結賬之時，齊（齋）夫親領以供蒸嘗之需。幸眾板主慕義徔公，慷慨相助，會無異辭，第恐靡不有初，鮮克有終，事久滋厭，徒擁虛名，人慮作之者易，繼之者難，時久則變，有負善舉。故呈禀立案，以杜違抗，刊勒諸石，俾垂久遠。庶後世永遠遵行，曆千百年而不泯。是為序。

本境監生　柳集生撰　朱良三錄
中華民國五年歲次丙辰季秋月上浣吉日　　立
（此碑現已搬遷到秭歸縣鳳凰山古建築群內保護）

归州屈原庙公议到收庙费碑照片

千古不朽

夫中國以神道設教寺觀廟宇幾遍環區祭祀慶祝殆無虛日惟我

屈原廟建茲僻壤多歷年所宮室雖隘靈應常昭惜地瘠民貧其廟租也寡

其　神高也艱每逢祀典募化蠲難予也往來上下登臨悵望不禁歔歎

感慨有若廢刹焉丙辰春有高君宏□言旋歸里瞻廟貌之巍峨傷俎豆之

缺乏思剝船之停泊堪解囊以共勸□邀集經理灘務諸君及眾剝船板主

公同會議酌抽廟費每只剝載一次無論船之大小捐錢五拾概由各客幫

扣留結賬之時齊夫親領以供蒸嘗之需幸眾板主慕義從公慷慨相助會

無異辭第恐靡不有初鮮克有終事久滋厭徒擁虛名人慮倡之者易繼之

者難時久則變有負善舉故呈稟立案以杜違抗刊勒諸石俾垂久遠庶後

世永遠遵行歷千百年而不泯是為序

中華民國五年歲次丙辰季秋月上浣吉日　　立

本境監生　柳集生　撰

朱良三　錄

碑文排布示意图

4. 续凤桥碑

位于秭归县郭家坝镇邓家坡村三组（原东门头村三组）龚家大沟续凤桥东侧的山坡上，海拔100米。据当地村民说：此桥原名"凤凰桥"，后改为"续凤桥"。

碑呈长方形，上端委角，碑高140、宽72、厚16厘米。碑体下端有碶型石榫，榫高13、上部宽46.3、下部宽41、厚16厘米。该碑刻于明天启元年（1621年）。右侧上部被剥一片。

【碑文内容】

碑额横刻：續　鳳　桥

其下竖刻：福　有　攸　歸

皇　明　天　啓　元　年　仲　冬　月　立

申大水

捐修：崔世友　龚士一　邓文炳

　　　崔崔品　龚士元　□风俊

续凤桥碑位置

续凤桥碑刻照片

续凤桥碑照片

"续凤桥"碑刻拓片

龙有刚　龚光林　汪德佐

龙士昌　危全富

□□年八月廿四日　匠□□正重建

（此碑现已搬迁到秭归县凤凰山古建筑群内保护）

5. 冀国陛立卖基地产业文约碑

该碑位于秭归县郭家坝镇擂鼓台村五组冀家湾，在长江右岸，海拔120米。

碑呈长方形，石质为石灰岩，表面略有磨光。碑高110、宽55、厚18厘米。碑体上下两端均有石榫，上榫高8、宽5、厚8厘米，下榫高6.5、宽12、厚9厘米。碑

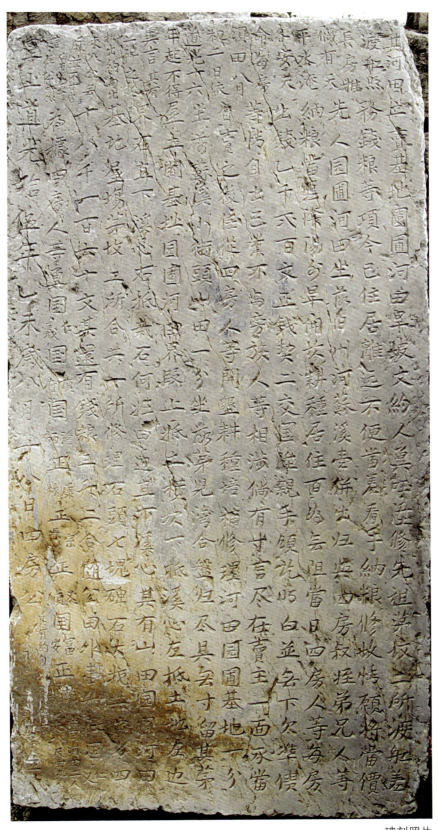

碑刻照片

秭归段石刻

文竖向排列。该碑刻于清道光十五年（1835年）

【碑文内容】

碑正文：

立賣基地、园圃、河田、旱坡，文約人冀旺（国）陞，修先祖茅坟二所，渡舡差

務錢粮等項，今已住居離远，不便當差看乎（护），納粮，修坟。情願將當價

（家）先人园圃。河田，坐落旧州河蘇溪，壹併出归與四房叔侄弟兄人等，納粮

當差，陰陽水旱，開坎（垦）耕種。居住，百為無阻。當日四房人等，每房出錢

乙千弍百文正，錢契二交，国陞親手領讫明白，並無下欠，準債等情。自出已

業，不与旁族人等相涉。倘有寸言，尽在賣主一面承當。自賣之後，任從四房人

等開墾耕種，培補修理。河田园圃基地一分，坐落蘇溪小街頭，山田一分，坐落

茅兒湾合盤归尽，具無寸留。其茅屋二間，基址园圃河田界段，上抵一横坎，下

抵溪心，左抵土地左邊界，右直下溪心，右抵栽石何姓田邊。直下溪心。其有山

冀国陞　立卖基地与产业文约碑拓片

田、园圃、河田基地、屋塌、茅坟二所，合共六所，修理石头七塊碑石，大摁共出钱四十八千一百六十文。其還有錢粮三升二合，随公田□壹升在國仁、國義為據。四房人等冀國仁、冀國義、國□、國府、國隆、國炳、正康、正林、正宗、正春、正義、正順、國富、國安、正乾、正楊。其有河田二人。七丈八尺寬。其有約句其□□字、□□□堂

附：碑顶小字内容：

其河田、渡舡，照長房推，倘有天干（乾）水淹，各安天命。每房領田八月初二日依道光十六年起不得異言，其有立碑之後扎（执？）出約句（据）出來，八公無用，並不十（食）言，倘有寸言，言在公中□（这段文字可能是买主冀家"四房叔侄弟兄人等"订立的协议）

皇上道光拾伍年乙未歳八月十八日四房公立

（此碑现已搬迁到秭归县凤凰山古建筑群内保护）

6. 重修东嶽大殿碑（2通）清

重修东嶽大殿碑二通，出土于秭归县郭家坝镇邓家坡村三组的"东门头遗址"，位于长江右岸，海拔130米。

6-1. 重修东嶽大殿碑序

该碑呈长方形，保存较完好，字迹大部分清楚。碑高142、宽75、厚10厘米。碑底石榫残缺。该碑刻于清道光二十三年（1843年）。

【碑文内容】

额题：永垂千古

正文：從來神靈之赫濯，必須廟貌之巍峩，未有不藉人力之修持而能使然也。東門頭有□寺，載在州誌，由來久矣。但地處偏僻，山形阧（陡）絕。又兼陰雨淋漓，以致門樓歪斜，天井□俱有崩裂之勢，若不早為補葺，恐難免傾圮之患。僧任住持之責，豈敢袖手旁觀。□□東嶽大殿，始在天池前誠供，因牆屋裂走，地處褊淺，所以眾善公議，故移扵寺外，工程浩大，非人力必不能為。用是洗心滌慮，叩請十方首士。轉約眾善樂捐資財□工□□結良緣，墜者舉而廢者凫（興），廢地灵而人傑，亦人凫（興）而地盛矣。是為序。

領修首士：鄧名揚（助錢）、陸仟文，監生：彭世太陸仟文，陳榮貴伍千二百文，汪大義四千二百文，周以相、四千文，楊希發三千四百文，郭宗王二千六百文，監生：李必寬、一千六百文，崔廣祖二千六百文，監生楊學貢二千文，生員：蔡占芹一千六百文，馬起雲、二千二百文。

沈大成（助錢）二千文，龔作鳳二千文，何志謙一千六百文，龔士宏八百文，何天煦八百文，李學全八百文，董禮貴一千文，危大喜二百四十文，楊學昌二百□十文，喬富□……修。

眾善姓：危正紀（助錢）□□□□楊學曾□□一十文，李□德二千四□，生員：曾芝芹一千文，生員：何士立一千三□，何學政一千二百□，何學愷一千三百□，□九：周玨一千□□，蔡有文一千□□，周宗品一千□□，李大慧二□□，

重修东岳大殿碑序照片

永垂千古

重修东岳大殿碑序拓片

选拔：李森林四□□。

住持僧真贵

皇清道光二拾三年六月二十四日

6-2. 重修东嶽大殿功德碑（续）

碑呈长方形，断为两部分，碑高143、宽75、厚12厘米。碑底有梯形石榫，石榫左高9.4、右高9.2、榫上部宽16、下部宽14、厚8.8厘米。该碑刻于清道光二十三年（1843年）。

【碑文内容】

额题：萬善同歸

正文：朱秉軋、　佘荣學、　崔金林　　各八百文

何志福、　何天成、　何學新、　何學文、　崔望祖、　董呉義、　韓正順　　各六百四十文　趙大有、　趙大發、　蔡金成、　何天美、　譚尚卿、　董　鈿　　各四百八十文　姜振衣、　郭樹棠　　四百文　郭宗□、　郭宗培、　何士壮、　何學義、　陳世清、　生員：王大智，　王道全、　陳學富、　董　尭、　周發堂、　生員：周濂，　汪大本、　李大玉、　謝　林、　胡世成、　鄧世有、　李青山、　崔世華　　各捐四百文

生員：周喬堂，　何志琚、　何志懷、　崔明祖、　何學林、　郭正兴、　王學海、　鄧光要、　崔世連、　楊學春　　各三百二十文

崔世望、　崔世友、　陳世祥、　危大春、　汪大兴　　各二百五十六文

鄧志祥、　鄧光發、　鄧文炳、　黎會元　　各二百四十文

黄正□、　沈廷□、　楊光兴、　蔡玕、　崔　芳、　龔有剛、　董呉富、　何志梅、　何志義、　周以鳳、　崔　俊　　各二百四十文

崔德祖、　崔世珍、　崔世魁、　李永□、　何學元、　孫國珠　　各二百文

黄發富　　三百二十文

郭尚林　　二百文

□……鄧志明、　唐道明、　楊學聖、　陳學貴、　陳世太、　何學唐、　李有宗、　譚士奎、　高兆友、　郭尚金、　周　璐、　韓正全、　孫國珮　　一百六十文

郭宗哲、　郭宗周、　郭宗魁　　一百二十文

□……何志位、　何學相、　何學富、　何邦俊、　何學民、　龔作萬、　龔作會、　龔士訓、　龔士秀　　一百一十文……等

皇清道光貳拾叄年六月二十四日　　　　　　　　立

（此二碑现已搬迁到秭归县凤凰山古建筑群内保护）

重修东嶽大殿功德碑

重修东狱大殿功德碑

7. 广济桥碑

　　该碑位于秭归归州镇汽车渡口。该碑刻于清乾隆三十六年（1771年）。

　　【碑文内容】

额题：百子千孙

中刻：广济桥（三大字）

上款：归州香溪市

廩膳生員譚國鼎號鳳獨力捐修

　　　　　　工師　龔雲魁

下款：乾隆三十六辛卯歲蕤賓月上浣立　地主趙

广济桥碑照片

　　　　　　　　碑文排布示意图

8. 王氏祠堂石刻（4宗）

　　王氏祠堂位于秭归县泄滩乡老坟园村，属清代建筑，现已整体搬迁至秭归县城凤凰山保护。内有石碑刻共8宗。现录有4宗，分别为：（门楣对联石刻、王氏宗祠重修祠堂碑、王氏宗祠增建正殿及廊廡碑、永遵章程碑）其他4宗损坏严重未录。

复建后的王氏祠堂

王氏祠堂内一

王氏祠堂内碑刻

8-1. 王氏祠门楣对联

王氏祠门楣石刻对联，嵌成了大门的门框。

横批长194、高20厘米，下缘距离地面216厘米；上下联相距210、高190、宽22厘米。

楣题：王氏祠堂

上联：竦揚仁孝義敬

下联：陶鎔禮節樂和

堂　祠　氏　王

陶鎔禮節樂和

竦揚仁孝義敬

门楣石刻对联照片

秭归段石刻

8-2. 王氏宗祠重修祠堂碑记

碑高155、宽80厘米,上部委角。嵌于王氏祠堂内的墙壁间,该碑刻于清乾隆三十八年(1773年)。

【碑文内容】

额题:克昌厥后

蓋聞古者以仁孝立宗廟,以功勞建閥閱,而河如帶,山如砺,家以□寧,爰及苗裔,未嘗不欲固其根本,以致枝葉稍有陵夷者也。然善惡之報,至拎子孫,則其□□久矣。余以所見所聞閱而考之,其可必也審矣。窃念我族籍貫,原系四川崔(鶴)州龍王山氏也。□□祖乾元公开基創業,未獲稱意,越至五輩仲職公,于成化十八年承頂茲土,名趙家壩,其界東抵□□後岩,西抵河心,南抵湖溪口,北抵魚兒泉直上。歷代管圖,迄今三百餘年,並未分晰(析),至明末清初有創□□他方,有处變难守者,族間或買或併,各有契拠(據),了然分明。況自仲識公以來,河下坪田有基址坡地,各有□□段上截高山,亦未分晰(析),拎雍正年奉上恩畝合族公議,界齐老虎洞陰坡鑽字石,左横過徐二灣□□界,右横過張么岩鷹嘴石抵□□

界上截界內尽屎(屬)公中,歷歷有拠,後之嗣孫,俱要遵制守法,務体先代之遺風以垂後裔之模範,且清□□

王氏宗祠重修祠堂碑　　　　　　　　王氏宗祠重修祠堂碑拓片

会建嗣（祠）宇，祀先靈，所以敦本睦族，以体聖王之制也。其有嗣（祠）宇基址前抵□後陽溝，後抵倒培石坎，左右□□

各出二尺，於三十五年镌石重修，正殿如故，两廂依然。又三十八年有世文等將嗣（祠）右受分一段憑眾施為□□

四界拠存。其有後裔开種公山者，照種完租，入嗣（祠）助費，亦公山壹（樹）木燒者勿阻，永不許發賣。今余敢以□□

变前之大章，捴（总）其茂，昭明德，豈有忝扵先人者乎？以後之苗裔各殊理而異務者，要以嗣（祠）業為紀，統（统）扵□□

其始終。表見其文，俾後人观之，使後人復傳後人也。是為志。

族長：王世禄、王世松

宗長：王世槐、王世敦

族正：王　御、王　衍

合族：王世文、王世才、王世儒、王世寧、王世崇、王世敏、王世敬、王世台、
王世教、王世科、　王世虞、王世毅、　王世法、　王世章、　王世睿、　王世德、
王世□、王世彦、　王世為、王　佑、　王　俟、王　倫、王　□、王　佺、
王　作、王　化、　王　何、王　佃、　王　伋、王　綜、王　位、王　佐、
王　伸、王　健、　王　倜、王　侶、　王　佋、王　仟、王　街、王　□、
王　□、王　倬、　王　備、王　□、　王　□、王　什、王　倰、王　□、
王　後、王　伟、　王　同、王　□、　王正紀、王正隆、王正心、王正国、
王正康、王正網、　王正榜、王正民、　王正何、王正權、王正堯、王正中、
王正乾、王正品、　王正统、王正邦

仝建

皇清乾隆三十八年季春月　王世烈題

（此碑現已随王氏祠堂搬迁到秭归县凤凰山古建筑群内保护）

8-3.　王氏宗祠增建正殿及廊廡碑记　清

　　碑高112、宽62厘米，嵌于王氏宗祠内墙壁。该碑刻于清嘉庆二十三年（1819年）。

　　【碑文内容】

　　竊聞

天子有七廟之設，諸侯有五庙之祭，降而士庶，亦不無报本追遠之意焉！憶我王氏□……

落業於斯，传歷数代，犹就墓门而祭。又阅数輩。至文元公始，各解囊建祠□……

清明一會，子孫齊集，入庙告虔，洞洞屬屬，美哉洵足觀矣。以是知我祖為之前□……

無美而不彰；為之後者，英敏间出，亦云盛而克傳与（欤）？蓋後啟有克紹前勳（勋）之志，□公□……

靈。迨自教匪滋行，兵燹继起，凡神庙、祖宅，不無恢燼剝落之感，惟我祖祠，牆屋如故，栋宇□……

非先靈之赫濯昭著於其間耶！然先人之靈爽式憑，而後裔應宜疊兴（兴）。今佩也不肖，前列勉為□□

領袖，因顧族中而計曰：今者子庶孫蕃，惜嗣（祠）宇不勝寬阔。清明祭祀跪拜

王氏宗祠增建正殿及廊廡碑　　　　王氏宗祠增建正殿及廊廡　传

冗積，殊不成禮。今我□……

族事，而維持族綱者，要 存 勿自欺三字，讀祭如在一书，務宜上體先志，下裕後昆，爰是置買基地，興 工 □

材，將嗣（祠）後另造正殿一所，復監建兩廊，裝修龕堂，永妥宗祖神位。然以公濟公，興事 捐貲之為同心□……

用成勝事之舉，則庶乎可壯一族之觀瞻矣。茲因工成告竣，刊石以垂不朽云。

族長王佩　領修王正群、王正儒　　兼修正方、正荣、大裕

嘉慶二十三年三月吉　日闔族公　　　　　　　　　　　　　立

（此碑現已隨王氏祠堂搬迁到秭归县凤凰山古建筑群内保护）

8-4.　《永遵章程》碑

　　碑高115、宽61厘米，嵌于王氏祠堂内的墙壁上。该碑刻于清咸丰七年（1875年）。

　　【碑文内容】

額題：後世永遵

立永遵章程以杜後弊事。自來香溪鄉鄉總雜亂無章，因扵嘉慶年間，分派叁拾老（老）姓，輪流遞換，載有碑誌。第各姓均有章程，惟我王氏未分房支，亦未議派幫費。扵時闔族公議，輪到我姓值年，必選品端廉直之人，具任承充。將祠內公項敷出貳拾千文，以備值年繳費。各房無得派幫，闔祠永無異言，庶公事無誤，鄉規無紊，雖不克媲美前德，亦不致貽笑鄉黨。今恐後世子孫逞強凌弱，恃

刁勒派，特刊立章程石碣，永遵無替焉耳！

宗長 王正本　　族長 大受 大璿　　族正 大朝 大智 大春 大書 大全 大穎

　　　　　　　　　　　　　　　　裔孫 光海 撰

皇清咸豐七年歲次丁巳仲冬月穀旦　　闔族公議仝 立

（此碑現已隨王氏祠堂搬遷到秭歸縣鳳凰山古建築群內保護）

《永遵章程》碑

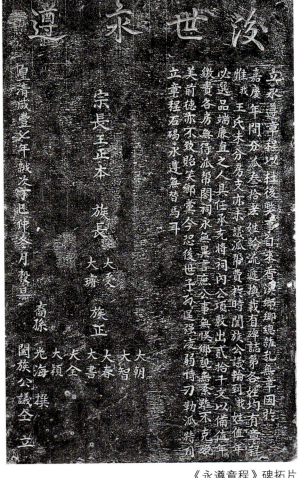

《永遵章程》碑拓片

秭归段石刻

9. 万寿桥碑 清

　　《万寿桥》碑刻位于香溪镇八字门村二组，香溪河左岸，嵌在一农户门前的石质台阶内，海拔高98厘米。该碑刻于清光绪九年（1883年）。

"万寿桥"碑

"万寿桥"碑拓片

该碑刻石灰磨光刻字，呈长方形，中间裂断两段，下有碑座，上有碑盖，似船形，四角向上斜翘。碑盖高20、上宽97、下宽92、上厚20、下厚11厘米。碑盖中间有一圆石球，直径18厘米。碑面竖刻楷书，"万寿桥"三字为阳刻，刻在20×17厘米的委角方框内，碑体高132、宽65、厚14厘米。碑体下端有石榫，榫高12、宽17、厚13厘米。

碑文是关于当地水文资料。

【碑文内容】

間嘗論事有可已者，有不可已者。方今歲時不稔，此役之叒（興）可已者。近惟歲時不稔，此役之興不可已者也。此其說亦自有辨，蓋有溝必有石，何以盡屍（属）土坎，愈久愈傾，不知何自而起也。溯漢晉以來，新灘山崩，石擂壅塞，灘辺，水爭上游。夏月溪水□漲，石磧沙淤，始鎮此壩。意想而知。于宋天聖中，復崩如初，至明嘉靖二十一年，久雨山頹，兩岸壁立，大石橫亙，較前尤甚。迨至天啓，湖北按察使喬公拱璧，削平新灘，以致此壩層積而高，成勝境也。間有山水蜿蜒而沖坍，□缺亦無大礙焉！国朝咸豐庚申、同治庚午大水氾濫上壩，洗平河底，此缺愈深。數年議建橋而遂不果。茲者因物叒（興）感，惻然斯念，欲紹康家之遺美，願垂永久之善功。遂嘉其名曰萬壽，登臨遙矚，四顧彷徨，必悠然而動遐思。見萬户宅兆錯列左右，益思有已保之；見萬人蹤跡，穰（攘）往熙來，益思有以利之；見萬家烟火

族繁可待，益思有以安之。觸類而思，不一而足。余知斯橋之建，其所以結緣幽明者深也。今冬興工創造，不月告成，數年畏道，忽若坦途，然則果谁之力欤？

嗟乎，天下豈一地為然哉！漢班固有言：顧力

行何如□哉！斯言可為集事之鵠。橋成，屍（属）余作記，余亦樂為記，泐之貞珉，永垂不朽，俾好善者觸目警忕（懷），勿以善小而不為，敢謂有功于世，庶幾于世不無小補云爾。

領修監生劉之屏、劉之魁、劉之儒率倖承祖□□□

生員向志邃題

皇清光緒玖年癸未歲季冬月二十日　　立

（此碑现已搬迁到秭归县凤凰山古建筑群内保护）

10. 小青滩筹办盂兰会功德碑

位于秭归县屈原镇（原新滩镇）小青滩。

碑高136、宽72、厚6厘米。碑体下端有石榫，榫高8、宽16、厚5厘米。该碑刻于民国三年（1914年）。

【碑文内容】

额题：永垂不朽

正文：蓋聞凡事預則立，不預則廢。況我小青灘中，人氏雖然甚繁，而樂於從公者少，即如值年湊商盂蘭勝會，合境首人，不知兀（幾几）勞心力，兀（幾几）費唇舌，沿門募化貲財，方能補幽冥孤魂之用。今春則各費慈悲之心，普施愷惻之念，情願多助銅幣作為存款，以免每歲孟秋，寫則甚易，收□則甚難之故耳，是以為序。捐款人……。

民國三歲十□□吉日

（此碑现已搬迁到秭归县凤凰山古建筑群内保护）

小青灘籌凑盂蘭会功德碑

永垂不朽

　蓋（盍）聞凡事預則立不預則廢況我小青灘中人氏雖然甚繁而樂於從公者少即如值年凑

商盂勝會合境首人不知兮勞心力兮費唇舌沿門募化貲財方能補幽冥孤魂之用今

春則各費慈悲之心普施愷則之念情願多助銅幣作為存款以免每載盂秋寫則甚易收

□則甚難之故耳是以為序∴ 捐款人……

民國三歲十□□吉日

碑文排布示意图

- 129 -

11. 江渎庙石碑一组（6块）

江渎庙（又名杨泗庙）始建于宋代，屡毁屡建，现存为清代建筑。位于秭归县屈原镇桂林村。现已整体搬迁至秭归县城凤凰山保护。

屈原镇（新滩镇）桂林村，长江右岸。该碑组包括一块江渎庙内墙上镶的碑，以及从地下挖出的五块碑。

11-1. 祭祀镇江大王协议

该碑嵌于江渎庙内墙上。

碑高95、宽57厘米。

【碑刻内容】

葢（盖）闻神所凭者惟德，人所凭者惟心。欸求神会之丰隆，端由人力之振兴。如我南

江渎庙

江渎庙墙镶碑位置

镇江王祭祀约定记

盖闻神所凭者惟德人所凭者惟心欤求神会之丰隆端由人力之振兴如我南岸
镇江大王之享祀匪伊朝夕矣但多历年所日久难免或替是以众善等各捐赀二
千生息每年十人一会挨班庆祝勿得推诿由是神人共欢历久勿替矣是为记

郑德　蔡柄　蔡有　陶世大　蔡杞　郑之华
郑长茂　陈学清　郑在天　郭宗文　蔡应桂　郑长春　郑家祥
熊光临　陈大贵　郑在津　郑永逸　郑先树　郑永和　余清
向文秀　陈大春　郑廷训　曹成宣　黄宗荣　杜玉明　曹文大
陈学树　陈才　郑在训　黄举　郑以林　郑在班　熊全谅
郑以兴　郑廷高　郭宗德　皮大全　郑家福　杜廷拔
郑永祥　熊光义　郑永光　熊大相　皮应科　熊□贵
郑嗣恒　熊大章　熊光映　熊光顺　熊光福　熊大乾
郑嗣德　杜华廷　郭全义　郑□昌　向永荣　何富
熊大孝　汪学国　江玉珩　郑永元　熊全福　郑永敦

碑文排布示意图

秭归段石刻

镇江王祭祀约定记

岸鎮江大王之享祀匪伊朝夕矣！但多歷年所，日久難免或替。是以眾善等各捐貲二千生息。每年十人一會，挨班慶祝，勿得推諉。由是神人共歡，歷久勿替矣！是為記

鄭　德、	鄭　華、	蔡　柄、	蔡　有、	陶世大、	蔡　杞、	鄭之華、
鄭長茂、	陳學清、	鄭在天、	郭宗文、	蔡應桂、	鄭長春、	鄭家祥、
熊光臨、	陳大貴、	鄭在津、	鄭永逸、	鄭先樹、	鄭永和、	余　清、
向文秀、	陳大春、	鄭廷訓、	曹成宣、	黃宗榮、	杜玉明、	曹文大、
陳學樹、	陳　才、	鄭在訓、	黃　舉、	鄭以林、	鄭在班、	熊全諒、
鄭以興、	鄭廷高、	郭宗德、	皮大全、	鄭家福、	杜廷拔、	鄭永祥、
熊光義、	鄭永光、	熊大相、	皮應科、	熊□貴、	鄭嗣恒、	熊大章、
熊光映、	熊光順、	熊光福、	熊大乾、	鄭嗣德、	杜華廷、	郭全義、
鄭□昌、	向永榮、	何　富、	熊大孝、	汪學國、	江玉珩、	鄭永元、
熊全福、	鄭永敦、					

11-2. 宜昌府归州正堂福为出示晓谕以禁刁风告示碑

搬迁江渎庙时从地下发掘的五块碑之一。

碑高104、宽66、厚9厘米。碑体下端有石榫，榫高10、宽22、厚10厘米。该碑刻于清同治二年（1863年）。

【碑文内容】

额题：永垂不朽

欽賜花翎署宜昌府歸州正堂加二級紀錄十二次福　　為出示曉諭以禁刁風事。查例載，刁悍之徒藉命打搶者，照白晝搶奪例擬罪，仍□搶毀物件還主。又白晝搶□人財物者，不計贓，杖一百，徒三年；贓至八十以上，加竊盜罪二等罪□，杖一百，流三千里；一百二十兩以上者，擬絞監候。□誣告人死罪已決者反坐，以死未決者杖一百，流三千里，加徒役三年。又□索私和者，按照服制分別徒流各等語，功令何等森嚴，小民應知法守。茲據南北岸士民熊光前、杜洪德、柳錦春、蔡宗玉、熊大襄、鄭元祿、鄭世培、鄭大梅，鄉保杜名祥、鄭師範稟稱情：生□□北□岸人煙重□，民有□□，每有愚夫愚婦或因家務口角，翁姑教戒；或因索債無償，眶皆微嫌等類，□投環、投河，□抹項、服毒，短見輕生。以致親屬藉命居奇，動輒率領男婦多人，勒逼籌棺，重索□齊□不遂，遂慫□□□無稽重情，構訴公庭，被害之家，大□拖累亡身，小則傾家破產。此等風習，每年層見□□□□□。是以公議，如有前項舍生圖害，許被害之家投鳴鄉鄰，□□眼□親屬看明□□別□□給一二串錢，棺木一付，山紙五六塊，經齋一日，隨同安埋等情，□請出示前來，□批示：查借命打搶，圖詐誣告，例禁甚嚴，乃州屬地方，遇有自盡命案，無不恃系屍親，視為奇貨，或借命打搶□□□錢財，稍有不遂，欲輒以身死不明，捏報傷□，誣告拖累，迨經驗子□非視避不到即□□上控□□遂欲而後巳。此□□□實堪痛恨，若不懲一儆百，何以安良善而靖□風？茲據呈□請示，禁應不難行□，自盡命案，例應報官驗明訊詳，如果實無別故，不忍屍身暴露，亦應□□戶族□□□請屍驗□取，供結立案。據稱該生等公議，許被害之家投鳴鄉鄰紳□，眼間親屬者明義給棺木，□□□□□□隨同安埋等語，核與定例不符，且恐刁詐之徒事後捏控轉致，無事拖累候即照例□□□□

－ 133 －

三峡湖北段沿江石刻

宜昌府归州正堂福为出示晓谕以禁刁风告示碑

永　　　垂　　　不　　　朽

欽賜花翎署宜昌府歸州正堂加二級紀錄十二次福　　為出示曉諭以禁

刁風事查例載刁悍之徒藉命打搶者照白晝搶奪例擬罪仍□搶毀物件還主又白晝搶□人財

物者不計臟杖一百徒三年臟至八十以上加窃盜罪二等罪□杖一百流三千里加徒役三年又□索

以上者擬絞監候□誣告人死罪已決者反坐以死未決者杖一百流三千里加徒役三年又□索

私和者按照服制分別徒流各等語功令何等森嚴小民應知法守。茲據南北岸士民熊光前

杜洪德柳錦春蔡宗玉熊大襄鄭元祿鄭世培鄭大梅鄉保杜名祥鄭師稟稱情生□□北□岸

人煙重□民有□□每有愚夫愚婦或因家務□角翁姑教戒或因索債無償眶皆微嫌等類□投

環投河□抹項服毒短見輕生以致親屬藉命居奇動輒率領男婦多人勒逼籌棺重索□齊□不遂

遂慾□□□□無稽重情構訴公庭被害之家大烈拖累亡身□則傾家破產此等風習每年層見

□□□□□□是以公議如有前項圖害生圖害被害之家投鳴鄉鄰□□眼□親屬看明□□別

□給一二串錢棺木一付山紙五六塊經齋一日隨同安埋等情。請出示前來□批示查□命

搶圖詐誣告例禁甚嚴乃州屬地方遇有自盡命案無不恃系親視為奇貨或□打搶□□□逐

錢財稍有不遂欲轍以身死不明捏報傷瘋誣告拖累追經驗子□非視避不到即□上控□□□

欲而後巳□□實堪痛恨若不懲一儆百何以安良善而靖□風茲據呈□請示禁應不難行□

自盡命案例應報官驗明訊詳如果實無別故不忍屍身暴露亦應□戶族□□請屍驗□取

殞同安埋等語核與定例不符且恐刁詐之徒事後捏控轉致無事拖累候即照例□□□□遇

供結立案據稱該生等公議許被害之家投鳴鄉紳□眼間親屬者明義給棺木□□□□軍

有此等命案務須俟報官驗明後再照該生等所議□理以杜囂□□合行出示曉諭為

民保甲人等知悉嗣後遇有前項自盡命案無論有無因傷致死別故均需一面投鳴保鄰照列報

官驗辦一面信知死者親屬看明伺候相驗□□累私和私埋□□刑章如果是無冤□不忍屍身

暴露許死者親屬出具□實甘結呈請□驗照紳者議定章程給予棺木□□經□□候訊□□□

以杜訟端至於親屬人等應知死者□由自作□人無尤勿再藉命居奇或□眾打搶或□詐□逐

任意凌辱或圖得錢財私□漁利或□詐□逐□以身死不□混□傷□□□拖累倘敢不遵一經

□驗無傷□出實情定即□□坐誣決不姑□其各□遵勿違特示　　右仰通知

大清天下同治二年十一月初五日　　立

碑文排布示意圖

遇有此等命案，務須俟報官驗明後再照該生等所議，□理以杜囂□□合行出示曉諭，為□□□軍民保甲人等知悉。嗣後遇有前項自盡命案，無論有無因傷致死別故，均需一面投鳴保鄰，照列報官驗辦。一面信知死者親屬，看明伺候相驗□□累私和私埋□□刑章。如果是無冤□不忍屍身暴露，許死者親屬出具□實甘結，呈請□驗照。紳者議定章程給予棺木，□□經□□候訊□□□，以杜訟端。至於親屬人等，應知死者，□由自作，□人無尤，勿再藉命居奇，或□眾打搶，或□□□□任意凌辱，或圖得錢財，私□漁利。或□詐□逐□以身死不□混□傷□□□拖累，倘敢不遵，一經□驗無傷□出實情，定即□□坐誣，決不姑□。其各□遵勿違。特示　　　　右仰通知

大清天下同治二年十一月初五日　　　　立

11-3. 宜昌府归州正堂余告示碑　清

搬迁江渎庙时从地下发掘的五块碑之二。

碑高95、宽66、厚6.5厘米。碑体下端有石榫，榫高8、宽16、厚6厘米。该碑刻于清同治四年（1865年）。

【碑文内容】

同知銜署宜昌府歸州正堂加三級紀錄三次隨帶加一級余　　為

請示勒石事。案拠（据）南岸鄉□下首士鄭永曦等稟稱情生曦等前因公

田與张學源等互控，荷蒙斷令源等劈補生曦等河下錢壹百貳拾

串，以後鄉河各設保正一役，無論何項公事，各認一年，均具遵甘，各

結在案。源等將錢呈繳生曦，業經具領，其有生曦河下地界：上至小

新灘，下至風吹嶺、和尚岩，前齊河心，後齊岩根，生曦思維誠恐日久

變更，仍相爭執。是以公懇賞示勒石，以垂夂（久）遠，等情前來合行出示

曉諭。為此示仰闔鄉諸色人等知悉：以後鄉河各設保正一人，遇有

差事，即照各半分應，所有河下地段（段），以上至小新灘，下至風吹嶺、和

尚岩，前齊河心，後齊岩根為界。公同扗踏。其錢應如何置業生息之

法一並會議，刊立碑石，永遠遵行毋違。特示

同治四年九月三十日　　　右仰通知

告示　　　南岸鄉曉諭

碑文排布示意图

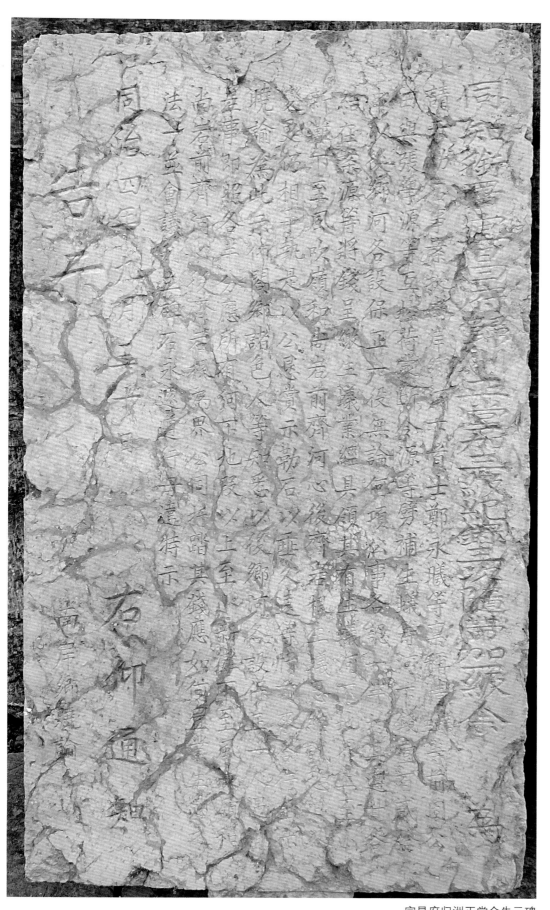

宜昌府归洲正堂余告示碑

11-4. 宜昌府归州正堂奎告示碑　清

搬迁江渎庙时从地下发掘的五块碑之三。

碑高100、宽58、厚6.5厘米。碑体下端有石榫，榫高8、宽17、厚6厘米。该碑刻于清同治六年（1867年）。

【碑文内容】

加道同銜湖北宜昌府歸州正堂加十級紀錄十次奎　為出示曉諭事

據南岸鄉貢生熊光前，戢員熊大襄，監生鄭世培、鄭永西、陳昌門，生員熊楚材、鄭昌義、鄭昌前，民向王書、鄭金治、柳長泰、陳昌科稟稱：緣南岸鄉每年應辦餇䕬馬草一切差務，歷年遵辦。惟本鄉鄉規，向分——傍大江者為河下，居山林者為鄉里。如遇前項□□河鄉同辦資費品，出原積有存項。近來差務浩繁，積歎用盡，一經有□承辦之鄉保□□措手，職生等亦無力墊用，受累非輕，借張貸李，無款酬還。徃徃□□不清，致生別□，□非辦公之道。職生等籌畫再四，思一以公辦公之舉，方致無□，爰集河下紳商□□□公所地方同議：如逢本鄉河下居民，置買本鄉田產房屋，以及置買別處田產房屋，□價值每百千錢抽取厘錢壹千文。公同議派（派）殷實老誠之人掌管生息，輪流更替庄□辦差之時，取錢付鄉保辦理。此系公議，永定鄉規，恐人戶□兄尚有未在場者不能□一抽取，且日久而廢弛，將來保無誤差，是以公懇賞示刊石，俾未知者得知，後世亦得永遠遵□等□。前來除批示，據稟巳□該貢生等仍隨時秉公妥為經□可也。□合行出示

碑文排布示意图

同治六年　碑

曉諭，為此示仰南岸居民人等知悉，嗣後如遇本鄉置買本鄉田產房屋以及置買別鄉田產房宇，即照該貢生等公議章程，抽取厘錢以公辦公，以免貽誤。該鄉士庶人等□不准故為推諉，而經理首士亦不得藉端苛派，其各遵照毋違　特示

右仰通知

同治六年十月十六日

告示　南岸河下曉諭

（此碑现已随江渎庙搬迁到秭归县凤凰山古建筑群内保护）

11-5. 代理宜昌府归州正堂杨告示　碑

搬迁江渎庙时从地下发掘的五块碑之四。

碑高103、宽54、厚11厘米。碑体下端有石榫，榫高12、宽16、厚8厘米。该碑刻于清同治十三年（1874年）。

【碑文內容】

代理宜昌府歸州正堂加三級紀錄五次楊　　　為再行示諭，永定章程，以垂久遠事。案據南岸鄉貢生熊光前，戢職員熊大襄、監生鄭世培、鄭永西，生員熊楚材、鄭昌義、鄭昌前等於同治六年間赴奎前州稟稱，每年應辦鞘餉馬草一切差務。公議於置買本鄉及別處田產房屋，按價值每百串抽取厘錢一千文以資办公。同派殷實老成之人經管生息，輪流更替，至應差之時，取錢付鄉保辦理，公懇出示泐石等情，當經批准，示諭在案。查該鄉紳士籌欵辦公章程，極為平允，取之甚廉，自可永垂久遠。遇有差徭，亦不致受累貽悞，誠屬善舉可嘉。但事隔

代理宜昌府歸州正堂加三級紀錄五次楊　為再行示諭永定章程以垂久遠事案據南岸鄉貢生熊光前戢員熊大襄監生鄭世培鄭永西生員熊楚材鄭昌義鄭昌前等於同治六年間赴奎前州稟稱每年應辦鞘餉鞘馬草一切差務公議於置買本鄉及別處田產房屋按價值每百串抽取厘錢一千文以資办公同派殷實老成之人經管生息輪流更替至應差之時取錢付鄉保辦理公懇出示泐石等情當經批准示諭在案查該鄉紳士籌欵辦公章程極為平允取之甚廉自可永垂久遠遇有差徭亦不致受累貽悞誠屬善舉可嘉但事隔數年訪聞該鄉富戶每於置買田產房屋應出公項錢文任意慳吝抗不照章交給以致章程幾欲廢弛遇有緊要差使承辦鄉保憑何辦公除諭飭該鄉首士澈底清查整頓舊章外合□出示曉諭為此仰該鄉花戶人等知悉嗣後凡有買田之家限五日內□將應出厘金錢文如數送交首士收存公泒殷實老成之人掌管分半生息按年輪流更替富戶應管者固不准藉端推諉而寒微力薄者亦不准覬覦觀望致生虧塌之弊每於年終公同清算帳目共收若干共用若干均須核算清楚交替接管之人經理開具清單□貼周知以免混淆自示之後倘有不□□不仁之戶仍前違示抗　公或以多報少或隱匿不報許該保正會同首士查實指名赴州究辦決不寬貸慎勿貽後悔其□□□逾毋違特示同治十三年九月二十六日南岸河下曉諭　眾首士　仝立

碑文排布示意图

同治十三年碑

數年，訪聞該鄉富戶，每於置買田產房屋應出公項錢文，任意慳吝，抗不照章交給，以致章程幾欲廢弛。遇有緊要差使，承辦鄉保憑何辦公？除諭飭該鄉首士澈底清查，整頓舊章外，合應出示曉諭，為此示仰該鄉花戶人等知悉：嗣後凡有買田之家，限五日內，□將應出厘金錢文如數送交首士收存，公派殷實老成之人掌管，分半生息，按年輪流更替，富戶應管者固不准藉端推諉，而寒微力薄者亦不准覬覦觀望，致生虧（虧、亏）塌之弊。每於年終公同清算帳目，共收若干，共用、共存若干，均須核算清楚，交替接管之人，經理開具清單□貼周知，以免混淆。自示之後，倘有不□□不仁之戶，仍前違示抗　公。或以多報少，或隱匿不報，許該保正會同首士查實，指名赴州究辦決不寬貸，慎勿貽後悔，其□□□逾毋違特示

同治十三年九月二十六日南岸河下曉諭　　眾首士　　全立

（此碑現已隨江瀆廟搬遷到秭歸縣鳳凰山古建築群內保護）

11-6. 永卖旱田文约碑

搬迁江瀆庙时从地下发掘的五块碑之五。

碑体下端有石榫，碑高75、宽85、厚9厘米。该碑刻于清光绪二十一年（公元1895年）。

【碑文内容】

立永賣旱田文約人鄭□氏□□躬□萬□……

《永远管业》碑

立永賣旱田文約人鄭口氏口躬口萬口……

今有祖遺分官旱口口丸韋一口茅屋一間隨糧四合坐落北

岸鄉大溪內小地名羊口子因口勿乏本無處設便母子弟兄口

商議情願請憑中證口遺澤等在口口合將此旱田並山林樹口

器等項出賣與南岸外鄉口裕公口口口口業當日口面議口口

實價錢一百二十串文正彼時錢約兩交口手領口口無下欠口有口口口

字俱在賣主口口承管不與買主相涉口系口賣巴加不與房族等相

干亦無逼勒准債情由買賣之後任憑口上永遠管業推口口口百口無

阻今恐人心不古口立文約一紙付與南岸鄉會人執掌為口……

其有四界上抵王口口口下抵大溪心莊口鄭萬口小溝直下大石口右

抵獅子岩智商王姓岩邊口下溪心為界具有口天塚口口左口口

除三尺

永遠　管業

　　　　憑中人　陳道澤　陳國治

　　　　　　代筆人　口永熾

光緒口拾一年冬月十六日口譚口口口萬旭　萬培萬靖　孫年華芝　仝立

今有祖遺分官旱□□勿丸韋壹間，茅屋一間，隨糧四合，坐落北

岸鄉大溪內，小地名羊□子。因□勿乏本，無處設便，母子弟兄□

商議，情願請憑中證□遺澤等在□說合將此旱田並山林、樹□

器等項，出賣與南岸外鄉□裕公□□□□業。當日□面議□□

實價錢壹佰式拾串文。正彼時錢約兩交，□手領□□無下欠。□有□□□

字俱在賣主□□承管不與買主相涉。□係□賣巴加，不與房族等相

干，亦無逼勒准債情由，買賣之後，任憑□上，永遠管業推□□□百□無

阻。今恐人心不古，□立文約一紙付與南岸鄉會人執掌為憑……

其有四界，上抵王□□□，下抵大溪心，左□鄭萬□小溝，直下大石□，右

抵獅子岩智商王姓岩邊□下溪心為界。具有□天塚□後，左□□

除三尺

永遠管業

憑中人　陳道澤　陳國治　　　　代筆人　□永熾

光緒□拾壹年冬月十六日□譚□□□萬旭、萬培、萬靖、　孫年華芝　　仝立

（此碑現已隨江瀆廟搬遷到秭歸縣鳳凰山古建築群內保護）

秭歸段石刻

12. 宋皇祐三年疏凿新滩碑

该碑位于秭归县屈原镇（原新滩镇）桂林村二组江渎庙内，长江右岸。

该碑石质为石灰岩，表面磨光，呈长方形，碑高149，宽82，厚10厘米。碑体下端下有石榫，部分残缺。榫残高10、宽21，厚10厘米。

此碑据宋人陆游《入蜀记》记载了新滩在宋代因山崩成滩和对航道疏凿的过程道，是目前保存最早的关于治理新滩岩崩灾害的石刻。该碑刻于何时，不详。

【碑文内容】

宋皇祐三年，前進士曾華旦撰碑稱，因山崩石壓，成此灘，害舟不可勝記。於是著令自十月至十二月禁行。知歸州尚書都官員外郎趙誠聞於朝，疏鑿之。用工八十日，而灘害始去。時皇祐三年也。蓋江絕於天聖中，至是而後通。見陸游《入蜀記》

（此碑现已随江渎庙搬迁到秭归县博物馆【凤凰山古建筑群】内保护）

13. 置买田地文契越碑

此碑嵌在秭归县新滩乡桂林村二组郑氏宗祠的墙壁间，海拔135米。碑石为石灰岩。碑体高138、宽67、厚12厘米。碑体下端有石榫，榫高15、宽16、厚12厘米。碑载张道明等卖地文约，立于清嘉庆拾肆年二月廿八日该碑为郑氏族众所立，刻于道光六年（1809年）。

【碑文内容】

额题：永遠管業

正文：今將長生會樂輸輪流生息之貲，本利合一置買水旱田地文契勒石垂久。立永賣文約人張道明、張道遠，今有祖遺水旱田地壹分弌段，坐落建東鄉曲溪甲小地名石峽子，載（栽）種壹石弌斗隨糧五升五合，因家缺少費用，情願請憑中人傅紹統、尚萬，在內說合，出賣與南岸鄉鄭應槐、鄭嗣荣、鄭師亮、鄭銘英、鄭師尹、鄭兆祥、鄭茂貞族人名下，以作宗祠長生會田，當日憑中議定：時值價銀弌佰柒拾陸兩整。彼時道明得受價銀弌伯（佰）陸拾兩整，道遠得受價銀拾陸兩整，銀約兩交，二比各領明白，並無準債逼勒情由，其有脫業、画字俱在價內，自賣之後從任從鄭姓族眾子孫永遠管業，陰陽兩便，所為無阻。此係自賣己分，不與戶族人等相干。恐人心不古，立掃賣文約為據。當揭老紅契一舌，道明分關一舌道遠分關不便揭出口

道遠田四界，上抵尖峯分水嶺，抵杜姓田為界，下抵本田，左抵本田，右抵望姓田為界。道明四界載在分關， 其有張士宜墳墓前後左右

各除六尺 異姓坟茔，俱照地券管業 其有約據碑誌所載七字，盡（盡）行改換族字，后（後）勿紊亂

道光六年二月廿八日族眾立

疏凿新滩碑

憑中傅紹統、傅㞼萬　　田郵人望開應杜文美熊超儒　　代筆人傅紹太
見銀人張國成、雝正典、杜帝珍
嘉慶拾肆年二月廿八日賣主張道明、張道遠仝立　　花押均載紅契
（此碑現已搬迁至秭归县凤凰山古建筑群内保护）

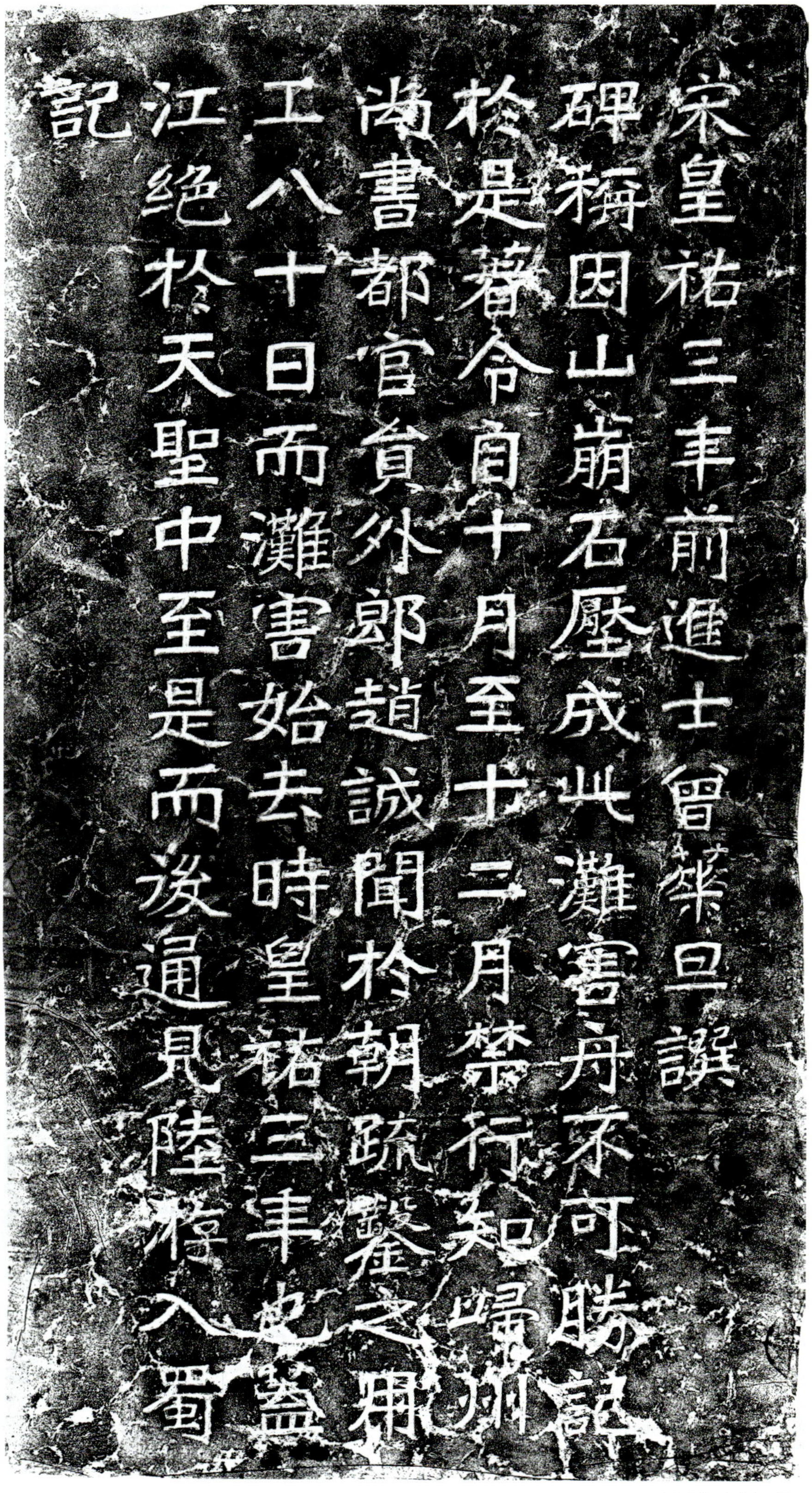

宋皇祐三年前進士曾紫旦譔
碑稱因山崩石壓戊此灘害舟不可勝記
於是奮令自十月至于二月禁行知峽州
尚書都官員外郎趙誠聞於朝疏鑿之用
工八十日而灘害始去時皇祐三年也蓋
江絕於天聖中至是而後通見陸程入蜀
記

岩崩石碑拓片

《置买田地契约》碑

永遠管業

今將長生會樂輸轄流生息之貲本利合一置買水旱田地文勢勒石垂久
立永賣文約人張道明張道遠今有祖遺水旱田地壹分弍段坐落建東鄉曲溪里
小地名石峽子載種壹石弍斗隨粮五升五合因家缺少費用情愿請憑中人傳紹
統尚萬在閃說爰出賣與南岸鄭應槐鄭關崇鄭師亮鄭銘英鄭師弔鄭兆祥鄭
茂員族人名下以作宗祠長生會田當日憑中牧定時值價銀弍伯柒拾陸兩各掃
時道明得受價銀式伯陸兩弍整受價銀約兩交弍此各領明
白並無準償逼勒情由其有脫業畫字俱在價內自賣之後任泛鄭姓族衆子孫永
遠管業陰陽兩便所為無阻此係自賣己分不與戶族人等相干恐心不古掃出
賣文約為據當揭老紅契一紙道遠分關一紙道明分關一紙
墨姓坟墓俱照地券管業 其有約碑誌所載允穿廣改換廣字台勿紊亂
各除文契 四界上截尖蚩分水嶺桂姓田為界下抵石右左抵本田名抵陸路為界
道明四界載在分關

嘉慶拾津年弍月廿八日賣主張道明塗立
見銀人杜常珍
憑中傳尚萬
張周成
韓正典
田鄰人杜文美
熊超儒
望河應
道光六年弍月廿八日闔族衆立
代筆人傳紹天
花欄均載紅契

《置买田地契约》碑拓片

- 148 -

14. 惠济桥券额　清

该石刻嵌于长江右岸屈原镇（原新滩镇）南坪村惠济桥券拱上方，横刻"惠濟橋"三字，阴刻，楷书。

15. 江渎桥券额　清

该石刻嵌于长江右岸屈原镇（原新滩镇）南坪村，桂林小学旁。江渎桥拱券上方。横刻行书"江渎橋"三字，高53、宽105厘米。

惠济桥

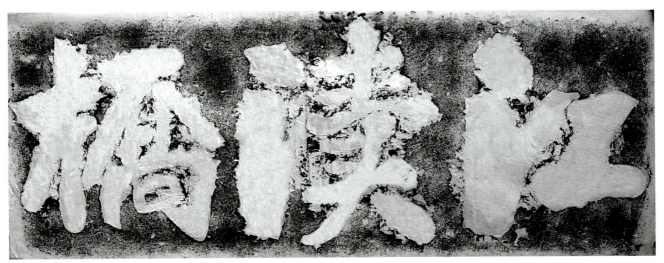

江渎桥拓片

秭归段石刻

江渎桥

16. 千善桥券额　清

　　该石刻嵌于长江左岸屈原镇（原新滩镇）龙马溪村，千善桥拱券上方，横刻楷书"千善桥"三字。

千善桥

第四章

宜昌段石刻

黄陵庙碑刻（15块）

　　黄陵庙坐落在西陵峡中段，宜昌县三斗坪镇长江左岸黄牛岩下，又称黄牛庙、黄牛祠。山门海拔75.56米。相传东汉建安十六年（211年），诸葛亮曾主持扩修。唐大中元年（847）复建，主祀禹王。后历代多次重建。现存山门、禹王殿、武侯祠等建筑、共占地面积8300平方米。是长江三峡地区保存较好的唯一一座以纪念大禹开江治水的禹王殿为主体建筑的古代建筑群。1956年湖北省人民政府公布为湖北省第一批重点文物保护单位，2006年黄陵庙作为明代古建筑，被国务院批准列入第六批全国重点文物保护单位名单。

黄陵庙外景

黄陵庙碑刻

1. 禹王殿柱础题记　明

　　该题记刻于禹王殿内左侧前金柱柱础石右侧，以阴线勾勒成一圆头碑的形状，人称："七寸碑"。碑额横刻："永遠萬世"四字，其下签刻行楷六行、满行七字计四十余字。文为：

　　大明国湖廣荆州
　　府婦州信士□□
　　同妻劉氏□□□
　　磋捌乙保□□□
　　呉（兴）隆　□□顺遂□

黄陵庙7寸碑

宜昌段石刻

萬曆四拾陸年　月

此刻所记年款："万历四十六年"与殿内梁枋题记"皇明万历戊午岁"相符，是断定禹王殿重建年代的重要依据。

2. 《重浚黄陵庙泉池记》　清

碑高136、宽72、厚6厘米。该碑刻于清乾隆四十九年（1784年）。

【碑文内容】

重浚黄牛廟泉池記

境有黃牛峽，古傳黃龍助禹開江治水，九載功成。漢諸葛武侯總師入蜀，履黃牛，見大山壁立，峰巒如畫。熟視石壁間，有神像影觀，鬢髮鬚眉，冠裳宛然。前豎一旗旌，右駐一黃犢，猶有董工開導之勢。惜廟貌廢去，武侯復而興之，目之曰黃牛廟，以顯神功。又封嘉應保安侯，見於宋紹興制書。迄前明中，禱殘虎患至盡，無弗驗者，稱為靈感神。其地有美泉，皎鏡洞然，深渟無底，而四望明

《黄牛寺泉池记》碑　　　　　　　　　　　　《黄牛寺泉池记》碑拓片

澹（淡）若掃，其清泠之思，自有濠梁高致，可云幽賞。有泉有池，不取諸江，汲飲稱便。以徑少（稍）僻遠，遊客多於禹廟，或不及斯泉，遂少識之。昔黃魯直謫赴黔南，與伯氏元明輩曳杖清樾間。觀歐陽文忠詩及蘇子瞻記，丁元珍夢中只耳石馬。道出裨祠背，得石泉甚壯，急命僕夫運石去沙，泉清而洌。因憶陸羽《茶經》記黃牛峽茶可飲，令舟人求之。媼賣新茶一籠，試煎而去。歐詩刻諸壁，石馬複以屋。淳祐時陸放翁經過猶及見之。後值兵火變遷，不可複覩，惟泉湧涓涓不絕，千百年來如一日。距泉丈許，右鑿一池與泉相通，潮汐互異。恨為童豎瓦礫亂投，積久將窒淤而不食。上舍楊君宏烈同里人朱君天常、黎君玉聲首領其事，率眾開淘，除湮導滯，掘及九仞，獲竹筒一尺。於是沛然莫禦，注之于池，疊為消長。乃甃石鳩工至，再期懼其跰跌而鑒謀所為幕闌者，自是銀床素綆，可以施轆轤，利庇一方。費錢十有餘萬，兼葺神祠，募於往來帆檣，以落之楊君獨任其勞，從容為余具言請記。余謂山下出泉，乃理之常。忠形家有蔭龍之說，泉在神祠背來脈，貴矣！且武侯之所以復其故基也。而澤被生民飲和食德，于以卜神之靈，真無所往而不在也！若夫溯厥淵源以擴充，夫始達而不虞其雍塞也，重有賴於後之君子。

　　首人：楊宏烈、朱天常、黎玉聲、率眾姓公修立　　石匠：熊國達、孔九華
　　　　　　　　　　　　　　　　　　　住持僧妙法

　　乾隆四十九年甲辰歲孟夏月望日邑人郭江記里人黎正賓（賓）敬書

3.《重修武侯祠碑記》　清

　　碑高100、寬55、厚14厘米。該碑刻于清乾隆五十二年（1787年）。

　　【碑文內容】

重修武侯祠碑記

湖北宜昌府之考，有東湖志有所謂黃牛峽神者，嘗佐禹治水有功，漢諸葛武

侯立廟以祀之，曰：黃陵、由來久矣。益易牛為陵者，大抵古人之善其名歟！夫以武侯黃陵之不相謀，而猶追祀夫，千百年後寧有說乎？曰：自古忠臣義士聲氣應求莫不昭然也。假如當日不應三顧之聘，坐老隆中，漢賊偏安而不知罪，是亦猶夫洪水為患，下民昏墊而無所逃。此黃陵之所以見重于武侯而有廟也。

夫夏禹不獲黃陵之助，即八年三過恐難息肩；黃陵不邀武侯之力，彼其事不接於目，名不傳於耳，誰其信之哉！故至今播黃陵之美談，而必道武侯不置。此武侯之所以見重于黃陵而有祠也，予菩艤泊姊（秭）歸，散步流觀，謁武侯廟於其上，益儼然臥（臥）龍先生之猶存也。吾嘗讀二表而知先生之忠矣，觀八陣而服先生之神矣。且遺跡遍天涯，先聲奪環宇，寧僅藉黃陵，而復識先生哉！然即此亦可以見先生之难忘矣。徘徊久之，不忍先生之廟之廢也！遂捐貲百金，謀及上人妙法，斟酌審度，而上人亦樂此相與以有成也。因勒之石，以候後之君子沿而葺之，庶與黃陵並峙不朽云。　　　　　魯生生

江西省建昌南豐縣樂捐信士　　　　　吳榮彩　　　男瓊甫字玉光　自得字時懋

住持僧妙法捐錢捌拾千文

皇清乾隆五十貳年歲在丁未孟夏月　　吉旦　　立

《重修武侯祠碑记》碑 　　　　　　　　　　　　　《重修武侯祠碑记》碑拓片

4. 建修山门屏墙戏台围垣及中殿宫墙碑　清

　　碑高290、宽80、厚18厘米。碑冠雕刻双龙纹。该碑刻于清嘉庆十年（1805年）。

　　【碑文介绍】

额题：萬世流芳

碑文：建修山門屏牆戲臺圍垣以及中殿宮牆碑記

邼（郡）上游九十里黄陵廟，名刹也。初時創作壯麗，規矩應天，飛閣流丹，陽景罕曜，歷年多風雨飄搖，遂將敕書樓中殿宫牆崩塌久廢。前有知重慶府事趙　睹此傾圮，宦囊樂輸，議以敕書樓之基地營造戲臺一座，以壯大觀。鳩工砌石，心期若揭。因歲不民登，逆匪滋擾，未觀厥成。迨之僧明月住廟以來，每欲繼志建修，奈工程浩大不敢草率。適有黄州客李公　過境拍（泊）舟上廟謁神，俯仰顧盼，東西周章，觸景譴眷，不勝感慨。問及住持，商議紳士，捐金百餘。首為倡舉。爰是住持獨任其苦，首士不辭其勞，分派（派）輪流沿河募化，隨輪隨註，毫無私心。於嘉慶七年壬戌歲冬興工，於八年癸亥歲十一月告竣。宦宦客商以及

建修山门《万世流芳》碑

碑文拓片

上下往來船幫名諱，另刊于石，本境領修姓字並陳於後
欽命誥授朝議大夫知四川重慶府事□授江南鹽法道南豐趙官諱由坤
湖北黃州府麻城縣信善李萬明　　昊李泰來　泰元　泰和　捐銀一百兩
本境首士

生員	黎正實 助銀一兩	望朝弼 助銀一兩	楊澤連 助銀二兩
□修	黎萬盛 助銀五兩	陳全六 助銀二兩	曲美玉 助銀一兩
國學	周席實 助銀六兩	蔡向榮 助銀二兩	周世泰 助銀一兩
生員	覃維忠 助銀一兩	覃九方 助銀二兩	覃維綽 助銀六兩
國學	李惠遠 助銀二兩	楊澤泰 助銀二兩	盧永富 助銀四兩
生員	楊近雍 助銀一兩	李啟龍 助銀八兩	楊澤滑 助銀二兩
生員	楊澤渭 助銀一兩	朱式文 助□（艮乚）兩	

木匠　劉儒實

瓦匠　來明禹

石匠　呂士倫

嘉慶十年歲次乙丑孟夏月　　臨濟正宗第四十四世師爺覺輝師圓法住持僧明月

師弟明宗明德 徒真昶真霞真曇 孫印融 仝立

5. 重修黄陵庙暨武乡侯祠碑记（附“虎”字碑）　　清

　　该碑是1981年，由黄陵庙禹王殿东侧15米地下挖掘出。

　　碑通高220厘米、碑额高33、宽117、厚16厘米，碑体高187、宽114、厚16厘米。此碑正、背二面均有镌刻。

正面：碑额刻浮雕双龙戏珠，图案生动清晰。该碑刻于清光绪十三年（1877年）

背面：其下横刻篆书“重修黄陵庙暨武乡侯祠碑记”

　　【碑文内容】

　　修黄陵廟暨諸葛忠武侯祠碑

内廷行走翰林湖北督學使者固始張仁黼撰文

賞戴花翎四品升衙候選郎中加五級昌江羅萬青篆顧書丹。

水經云：江水又東迳黄牛山，酈注，牽（南）岸緷（重）嶺疊起，高厓間有色如人儠（負）刀牽牛，人黑牛黄，成就分明，沴志以為茲山之神，左禹粜（導）江，三峽既開，水遵其道，漢季諸葛武侯摠（捴）師入蜀，兓（弭）莭江臯，睹斯而眙，懷嘿念神功明德，作廟奉祀。後人即廟側並立武侯祠。地值巴峽，陰厓椵駮，窈冥書（晝）晦，叢灌蓊蔚，猿嘯狖唬，幽澗積岨，礜碚礜礭，沖波蕩颷，彰沙漩礫，舳艫遥複，迴焱間作，櫂夫震皇，釃酒祈禳，常獲神助。自宋紹興以來，靈應尤箸。褱爵徹侯，鴻輯棟宇，勝國之初，峽中患虎□河僉事，禱神安堵，惟

大清受天明命，咸□群禋，山川百神，犇走服訓，茲廟之靈，尤昭感格，咸同之間，江水頻溢，廟以傾頹，

届（風）飄水泊，彤堊無輝，光緒十二季冬月，建威將軍岳州平江羅公縉紳，作鎮厎（夷）陵，抗威千里，撫輯蠻落，總率舟師，巡閱江路，拯溺止戕，溯流入峽，泊亏（于）黄陵，奉見廟祠，□落荒秽，倡出俸廉，鳩

工修葺，壞墉山立，傾宮霞起，石馬表道，象設煥采，穿碑岌峩，戴以贔屭，入廟躬奠，祇祇肅肅，俨

若神在，靈用歆饗，降福弭裁（灾），士民相與謳思德美，值余駐卩（節）於茲，共請為文，刻之石表，昭示□來。其辭曰：

大哉文命，亹亹穆穆，師尚汨鴻，有龍助之，震威勝蹕，遂成攷功，弌峽既開，化為黃牛，水始朝宗。

邈矣忠武，覿象江澌，作廟報功，蛟虎冡（兕）蜽，不為民割，歷姓修崇，烈烈建威，受

命作鎮，虔共禋禩，揆茲禹蹟，聿新其舊。丕振廢怠，飭治享堂，沈牲圭璧，神迤降社，屍（夷）波遵寶，祥飈送

飀（駋），人罔不喜，壽之貞珉。誌公嘉惪（德），以垂永久

光緒十有弍秊孟春月中澣之二日穀旦

碑陰：刻摩寠书大型"虎"字，下題："大清光緒拾叁年清和月穀旦""宜昌鎮羅縉紳書"

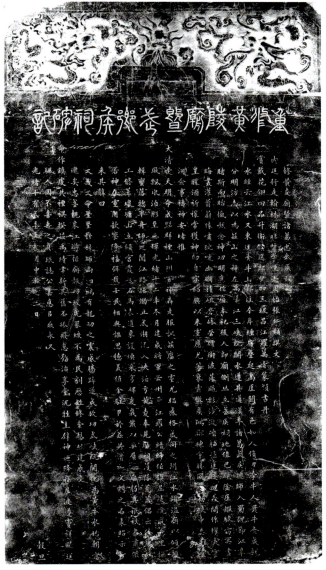

重修黃陵廟暨武鄉矦祠碑记

"虎"字碑

6. 重修黄陵古庙功德碑　清

碑高92、宽165厘米。刻于清光绪十三年（1887年）

　　【碑文内容】

钦加提督衔湖北宜昌镇总镇都督府管带水师健捷副誉乌珍巴圖魯羅

照得黄陵古廟在東湖縣西北九十里，漢諸葛武侯重建，有碑。後人因立祠祀武侯於側。縉紳自同治戊辰，来是邦领師船，暨光緒二年創設救生船隻，沿江上下，拜禹廟及武侯祠，肅然起敬。因咸豐庚申、同治庚午兩次水災倒塌不堪，縉紳目擊心傷，思重新而力不足。光緒十二年埊續集款，一新廟宇，設文昌會仍建武侯祠，枛側豎遺碑。縉紳刊重修黄陵廟碑，湖北學政張仁黼撰，長男萬青書。縉紳親書"虎"字附刊於碑後。提出錢一百串交該處紳耆經營，每年祭祀後核算一次。今值修工告竣，謹將諸君子捐款芳名並用費刊列于左，以垂永久，庶亯（享）百代之馨香，受萬年之福庇。

計開捐款

四川總督部堂丁　　　捐銀二百兩　　　　管帶壽字副中周　　捐銀十兩
四川布政使司崧　　　捐銀三百兩　　　　管帶壽字前營丁　　捐銀十兩
四川按察使司游　　　捐銀二百兩　　　　管帶壽字後營孫　　捐銀十兩
四川按察使英　　　　捐銀二百兩　　　　管帶壽字左營呂　　捐銀十兩
四川監茶道丁　　　　捐銀二百兩　　　　管帶壽字□營李　　捐銀十兩
二品銜四川即補道周　捐銀二百兩　　　　管帶壽字中營伍　　捐銀五兩
四川成都府正堂黃　　捐銀四百兩　　　　管帶泰安中營曹　　捐銀五兩
四川夔州府正堂汪　　捐銀三百兩　　　　管帶泰安左營謝　　捐銀十兩
四川崇慶州正堂孫　　捐銀二十兩　　　　管帶親兵營李　　　捐銀十兩
湖北歸州正堂沈　　　捐銀十二兩零五錢　承襲一等子爵鮑　　捐銀一百兩

四川新津縣正堂羅　　捐銀二十兩　　　四川萬縣賀新甫　　　捐銀八兩
四川奉節縣正堂王　　捐銀二十兩　　　四川爵府鮑祖恩　　　捐銀五十兩
四川提督軍門錢　　　捐銀三十兩　　　餘慶堂　　　　　　　捐銀三百五十兩
統領四川安定　　　　捐銀一百兩　　　無名氏　　　　　　　捐銀一百五十兩
全軍總鎮周
統領四川長勝武　　　捐銀一百兩　　　督標水師健捷副哨官　捐銀四百六十六兩
字全軍總鎮馬　　　　　　　　　　　　　營領哨
湖北宜昌鎮總鎮羅　　捐銀六百兩

以上共捐銀叁千柒百零陸兩伍錢，照市價每兩申錢壹串陆百，共申錢伍千玖百叁拾串零四百文

計開用款

付杉木並水力共合錢一千五百五十八　　　付生漆一百觔，每觔五百八十文，錢五十
　　串五百二十文　　　　　　　　　　　　　八串文

付杉木椽角共錢七十二串三百四十七文　　付磚匠兩千六百工，每工一百六十，共錢
　　　　　　　　　　　　　　　　　　　　四百一十六串文。

付松木板料共錢七十串零四百二十三文　　付木匠三千二百工，每工一百六十，共錢
　　　　　　　　　　　　　　　　　　　　五百一十二串文

付雜木料共合錢二十四串文　　　　　　　付雕匠八十三工，每工二百，共錢十六串
　　　　　　　　　　　　　　　　　　　　六百

付火磚、巴磚共合錢八百三十六串六百七十文　　付漆匠五百二十工每工二百四十，
　　　　　　　　　　　　　　　　　　　　　錢一百二十四串八百文

付蓋瓦、尺長、溜筒共合錢三百九十一串四百文　　付小工五千八百一十，每工
　　　　　　　　　　　　　　　　　　　　一百二十、共錢六百九十七串二百文

付石門框碑石刊字共合錢一百二十串文，　　　付各匠利市錢卅一串文

付石灰紙筋粗布共合錢七十七串三百文　　　付稿賞各小工錢十串零八百文

付窯煙牛膠共合錢十五串六百文　　　　　付謝土敬神香燭鞭紙共合錢五串五百文

付鐵攀、鐵環釘、銅錢一百九十三串七百四十文　　付僧眾利市錢一串五百文

付麻繩、棕繩扁擔簍纜筼箕錢一百七十八串文　　付神像開光法司並香燭錢三串文

重修黄陵庙功德碑

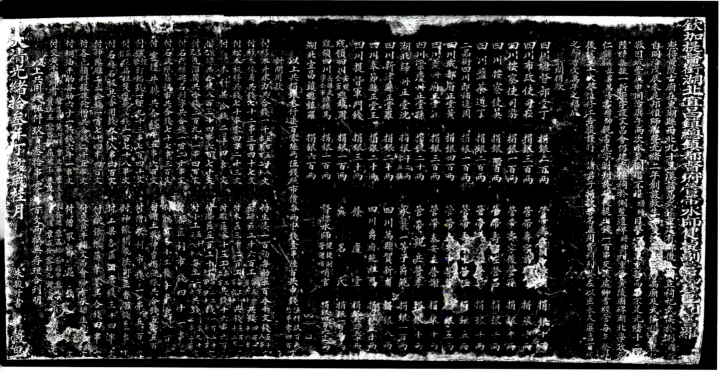

重修黄陵庙功德碑

付石條石板共合用錢八十八串六百文　　　　付上樑各匠酒席錢三十四串文

付神像雕工表金錢一百七十串四百文　　　　付紙張賬簿筆墨共合錢四串文

付各色顏料、銀珠、佗僧、共合錢二十五串文　　付交黃牛鋪文昌會紳耆承領生息□錢

　　　　　　　　　　　　　　　　　　　　二十串文

付桐油千觔每觔六十一共錢六十一串文　　　　付僧眾齋筵錢一串文

付交黃牛鋪紳耆黎昌奎　黃上科　覃文華　　黎長青　朱發源　黎昌鎔　蔡福申　黎其

明承黃上玉　黎昌熙　屈懷玉　朱鳳□　黎鴻道　覃森發　黎培元　潭家太承領生息錢壹

百串文

　　　以上共用錢伍仟玖佰叄拾串零肆百文，兩抵無存，理合刊明

　　　大清光緒拾三年丁亥歲桂月　　　　（朱駿生書）　　　穀旦

7. 重修黃陵古廟工竣擬定章程碑　清

　　　共兩塊碑，均嵌入黃陵廟內的牆壁。

　　　第一塊碑高78、寬157厘米。該碑刻于清光緒十三年（1887年）。

　　　【碑文內容】

欽加提督銜湖北宜昌鎮總鎮都督府管帶水師健捷副營烏珍巴圖魯羅

謹將重修黃陵古廟工竣擬定章程刊列與左

計開

一、廟中原供有　夏禹王及各神像，現新修　文昌、武侯神像，黃陵諸神，功德在民，自應潔淨整齊以昭誠敬，庶祗靈以妥，廟宇亦壯觀瞻。仰該住持隨時打掃，不准污穢，如違，由該處紳民更換住持，以專責成。

一、本廟為峽江要津，遺跡所存，久昭名勝。凡官上下，瞻拜頻，自宜招恪守清規之僧，責成看守，並須經懺熟悉，文理粗通，庶捶搨各碑及遊玩畱題，不至昧然輕重，是在地方紳耆等，加意選擇，為廟得人。

一、廟中原有租稞等項及廟宇界址，現捐存生息，均須刊碑以埀（垂）久遠。仰地方公正紳耆，查明登簿。放借生息，必須踹田寫契，不得濫借，倘短少租息，混佔廟界，由首士指名稟送地方官，究辦追繳。

一、倡修該廟及武侯祠共費錢五千九百餘串，均刊碑繪圖附入峽江紅船志，以埀久遠，並提生息錢一百串交黃牛鋪紳耆承領，輪流經營生息，以作廟內歲修之費。每年用款，仰首士逐一登簿，上下手交替清楚，以備稽查。如有侵蝕弊端，即惟經營首士是問，由地方官嚴飭追繳，以重公款。

一、廟宇為祀典攸關，仰地方紳耆及值年首士擇一定期，每年屆期約同與祭，以答神庥。凡廟中器具及租稞生息等項，便於是日公同稽核，以免廢弛。

一、廟中不准雜人居住，如上下過客及手藝人等，自有旅店可投，毋得在廟囤宿，竊（竊）恐潛藏匪類，有累地方，違者，責歸住持。

一、廟中向有婦女攜帶孩童往來嬉戲，不免褻瀆神靈，今應禁止，不准婦女入廟，違者，責歸家主。

一、廟中不准寄放木料及桅櫓壽枋等物，恐引火燭，猝難防護，仰住持極力阻止，如違，惟住持是問。

重建黃陵古廟工竣擬定章程碑

重建黃陵古廟工竣擬定章程碑拓片

一、教學原屬盛事，而蒙館子女至多，必至拖失廟中器具及污穢牆壁，有礙觀瞻，嗣後不准於廟中設館，違者，惟住持是問。

一、是廟濱臨大江，偶遇客船失事，攤曬貨物，只准就近在廟稍為停頓，仍不得堆積多時，視為□□之地，以崇廟貌而妥神靈，至客商有借廟中收買貨物，該住持尤不得曲徇應允。違者，惟住持是問。

一、廟中極宜潔淨，該居民等不得在廟開設煙館及賭博、聚飲等獘，均關例禁，違者，責歸住持。

一、過境饑民只准在廟偶住，以示體恤，不准於廟內炊爨，污壞牆壁，仰住持隨時禁止。違者，惟住持是問。

一、暑夏乘涼向有赤身露體僵臥廟中者，殊多褻瀆廟中神靈，嗣後仰該住持極力禁止，即間有入廟歇涼，總須潔淨為主，以昭誠敬。

一、是廟向有武侯碑，迄今不朽。現經重修廟宇，工竣勒碑紀事，系湖北學政張仁黼撰，花翎郎中羅萬青書，仰主持加意照料，以免倒碎污穢等獘，庶垂久遠，如違，惟住持是問。

一、是廟隔離宜昌府城九十里，向未祀文昌，此次重修廟宇，添設文昌神像，並提生息，錢二十串，交經營首士承領生息，以作每年二月初三日聖誕祭祀之費。

以上共計章程十五條，除呈報督撫憲暨荊州道宜昌府東湖縣各衙門備案外，刊此以備久遠稽考　　　　　　　　良齋朱駿生書

大清光緒十三年丁亥歲桂月　　　　　　　　穀旦

8.《公议禁止》碑　清

碑高85、宽45、厚8厘米。该碑刻于清咸丰六年（1856年）。

【碑文内容】

公議禁止

本境紳嗜（耆）鄉保公議禁止販買販賣火豬，倘有違示者，務即演戲三台，設席三張。不但費此之錢，而且有豬得症者，亦要賠還。特此申知。

咸豐六年丙辰歲荷月　　公立

宜昌段石刻

《公议禁止》碑

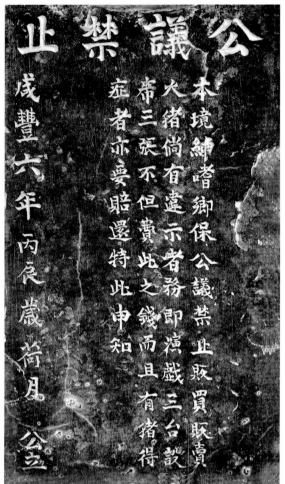
《公议禁止》拓片

9. 重建玉皇阁落成功德碑　清

碑高363、宽75、厚12厘米。该碑刻于清光绪十九年（1893年）。

【碑文内容】

额题：永垂不朽

碑文：重建玉皇閣落成序

彝陵上游九十里有玉皇閣者,系黄牛鋪之偉觀。宫殿巍峨,與黄陵廟並傳不朽至今百有餘年。雖非名□□□刹也。惜乎庚申庚午洪水爲災,神像則漂流幾盡,廟貌則傾頹無存。觀斯廟者,不勝太息,於是本境士民倡捐募化復而興之。廟貌雖未登□□□神像,可略壯大觀。猶幸一誠有感,不數年而告□成功,將見廟宇維新之神光普照,樂輸者帝□潛通,玉成者天心默佑,庶幾馨香罔替,功德無量矣。是為序。　　雨若覃祥發謹撰　　　　領修首人　黎長生（下略）

計開重修神像捐款助功名目众姓弟子（略）……

大清光緒十九年歲次癸巳□仲吕月　　住寺僧□□

- 166 -

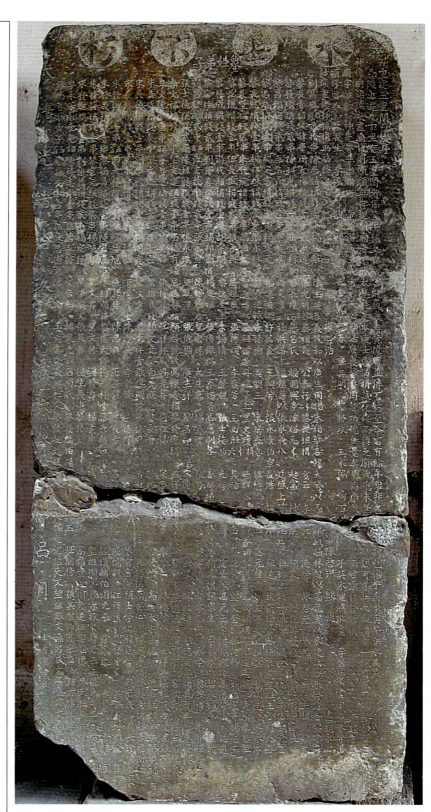

《永垂不朽》碑

永　　重建玉皇閣落成序

彝陵上遊九十里有玉皇閣者系黃牛鋪之偉觀宮殿巍峨與黃陵廟並傳不朽至今百有餘年雖非名□□□剎也惜乎庚申庚午洪水為災

垂　神像則漂流幾盡廟貌則傾頹無存觀斯廟者不勝太息於是本境士民倡捐募化復而興之廟貌雖未登□□□神像可略壯大觀猶幸一誠有感不數年而告□成功將見

廟宇維新之神光普照樂輸者□□潛通玉成者天心默佑庶幾馨香罔替功德無量矣是為序
　　　　　　　　　　　　　　　　　　　雨若覃祥發謹撰

不　領修首人　黎長生（下略）

　　計用重修神象捐助德名目　众姓弟子（略）

朽　大清光緒十九年歲次癸□□□□月住寺僧□□

碑文排布示意图

宜昌段石刻

10. 诸葛亮　《黄牛庙记》碑

碑高173、宽82、厚20厘米。碑的形制为带穿圭首、镌刻字体为八方"书"，但制作年代不详，疑为清代仿制。

【碑文内容】

黄牛廟碑

僕躬耕南陽之畝，遂蒙劉氏顧草廬，勢不可卻，計事善之。於是，情好日密，相拉總師。趨蜀道，履黄牛，因觀江山之勝。亂石排空，驚濤拍岸，斂巨石于江中。崔嵬巑岏，列作三峰。平治洪水，順遵其道。嗚呼，非神扶助于禹，人力奚能致此耶？僕縱步環覽，乃見江右大山壁立，林鹿峰巒如畫。熟視于大江重複石壁間，有神像影現焉。鬂發、鬚眉、冠裳宛然，如采（彩）畫者。前豎一旗旌，右駐一黄犢，猶有董工開導之勢。古傳所載：黄龍助禹開江治水，九載而功成，信不誣也。惜乎廟貌廢去，使人太息。神有功助禹開江，不事鑿斧，順濟舟航，當廟食茲土。僕複而興之，再建其廟貌。目之曰黄牛廟，以顯神功。

【附识】

诸葛亮（公元181～234年），三国时蜀国政治家、军事家，字孔明，琅玡阳都（今山东

《黄牛庙记》碑　　　　　　　　　　　　　　《黄牛庙记碑》拓片

沂南南部）人。汉司隶校尉诸葛丰后代。年幼时，父母皆丧，随叔父诸葛玄至豫章，后至荆州（今湖北襄樊），在隆中躬耕读书，隐居十余年，好为《梁父吟》。常自比管仲、乐毅，被称为"卧龙"。此记传为诸葛亮治蜀期闰亲自复兴黄陵庙时所作。

11. 张鹏翮　《黄陵庙》诗碑（5首）　清

该碑嵌入黄陵庙内的墙壁。

碑高42、宽92厘米。

该碑刻于清雍正二年（1724年）。

【碑刻内容】

黃陵廟

其一

水繞口環一線天，翠屏高掛碧雲邊。

峰回路轉神相助，檣鼓揚颭（馽）萬里船。

其二

倒影銀河浣翠微，天光雲影鏡依稀。

《黄陵庙》（五首）诗碑

《黄陵庙》（五首）诗碑拓片

紅塵不到心常靜，空翠時來撲素衣。

　　　　其三

山明水秀對心間，風正帆通起笑顏。

灘盡不知天已暮，一點新月照山灣。

　　　　其四

竹節稠灘風浪收，崇朝煙霧罩黃牛。

路穿天險並今古，樞鼓催舟百丈由。

　　　　其五

乘傳歸榮重到此，依然白水伴蒼山。

丹心不共煙霞老，三十餘年四往還。

　　旹

　　甲辰三月上浣九日

太子太傅文華殿大學士兼史部尚書

　　　　　遂甯張鵬翮題

雍正二年四月望日夷陵州州判門孫張弘仁勒石

　　【附识】

　　　张鹏翮，字运清，四川遂宁人，于康熙九年（1670）中进土，选庶吉士，改刑部主事，迁员外郎，寻迁礼部郎中，后任苏州知府、兖州知府，擢大浬寺少卿、浙江巡抚，至太子太傅和文华殿大学士兼吏部尚书。在治理大运河、黄河方面建有卓著功积。他多次出入长江三峡。康熙甲辰年（1664）三月九日游黄陵庙，题诗五首刻为诗碑，此为雍正二年（1724）所刻。[1]

12. 张鹏翮　《黄陵庙》诗碑　清

　　碑高118、宽48、厚12厘米。

　　该碑刻于清雍正二年（1724年）。

　　【碑文内容】

　　　　黃陵廟

千古黃陵尚有祠，天然圖書看尤奇。

翠屏高掛生前像，廟貌長留去後思。

舟楫乘風資利涉，威靈化險悉為彞（夷）。

董工開導多神異，己著孔明漢祀碑。

　　　　　遂寧張鵬翮題

雍正二年歲次甲辰清和月吉旦門孫張弘仁勒

---

[1] 黄世堂执笔，宜昌县黄陵庙文物管理处编：《黄陵庙诗文录》，86页，湖北人民出版社，1986年

《黄陵庙》诗碑

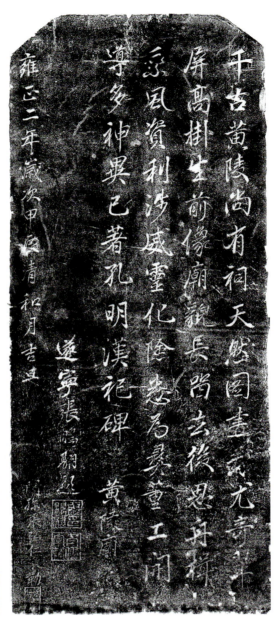

《黄陵庙》诗碑拓片

13. 金祖静 《黄陵庙》诗碑

　　该碑嵌入黄陵庙内的墙壁。

　　碑高70、宽31厘米。该碑刻于清乾隆甲申年（1764年）。

　　【碑文内容】

黄陵廟

精爽犹憑歲月非，漢碑文在事依稀。日寒古甋雲

埋殿，風袅靈槎鬼掩扉。山迴樹深猿狄嘯，江空花落

鷗鶺飛。行人欲問黄陵廟，狐兔蛟龍跡已微。

乾隆甲申九月荆南副使吳下金祖靜　題

宜昌段石刻

《黄陵庙》诗碑

《黄陵庙》碑拓片

14. 李拔 《凿石平江记》 清

　　此碑见于黄陵庙主体建筑禹王殿右前面的六棱石幢上，其中五面有字，第一至第三面，刻《凿石平江夜》，第四至第五面督修，承修及助修峡江工程官员的职衔和姓名。该碑刻于清乾隆三十八年（1773年）通高204、高184、宽38厘米。

　　【碑文内容】

鑿石平江記

大江發源於岷山，匯西蜀百川之水盡入夔峽以出汪澤迅疾，勢如奔馬。瞿塘灩澦之險，世所豔稱。而入楚為尤甚，楚自巴東歸州以至東湖，拽、新灘、空舲、三珠、鹿角、虎牙等處，寸節皆灘。巉岩怪石，急湍橫流，舟行觸之，無不立碎，覆轍相循，接濟無術。其為生民之患矣！乾隆甲戌乙亥之間，前道來公始基開鑿，旋遭去官，未及觀成。予於庚寅丙戌蒞任荊南，觸目驚心，廣搜博訪，備得各處受患、應修原委，上其狀於制撫。咸報可，迺率守令各官，偕揄從事，得若干金，于水涸之時，親臨履勘，設法籌畫。去危石，開官漕，除急漩，修縴路，凡施工廿餘處。群工雨集，萬斧雷鳴。兩冬之間，頓有成效。咸謂不可無記。予惟程子有言：一命之士，苟存心於愛物，於人必有所濟。況吾輩遭遇三明，忝膺司牧，尚坐視阽危而漠之，省憂痛患之謂何？毋乃實有所闕，以負夙心。今不動帑

六棱碑幢

項，不役民夫，而險阻既平，民資利涉。殆春秋之法，書利而不書費者歟？雖然非謂自茲以後，遂可無事也。長江積石，迤邐縱橫，雖已去其太甚；而盤踞綿亙不可磨滅者，何可勝數。自今以後，倘能裒集眾力，每屆冬令，即鑿去一分，則民受一分之賜。歷年既久，積石盡去。其有功於舟行，豈小補哉？因為之銘。銘曰：

滔滔江水，惟禹治之。百川順軌，趨赴若馳。突波觸石，巨艦離披。

夔門絕險，灩澦瞿塘。汪洋噴薄，沿及楚疆。虎牙□角，狼戾鷗張。

昔也！來公，心存繼美，鑿石安瀾，良歸載起。旋即左遷，未完中止。

予尸其後，利濟為懷。疇資既廣，宏議斯開。上官同指，榮勵群材。守拔（技）

咸興，令丞效職。萬斧雷鳴，不遑日昃。磯去浪平，如清反側。咸歌樂凱？

予獨欿然。事難創始，功在及泉。因循魯莽，厥病相連。

所期來者，繼長增高。抽薪釜底，庶靜洪濤。舟航永奠，毋負成勞。

賜進士出身中憲大夫湖北分巡上荊南道，統轄荊宜施等處地方，監管水利事，隨帶加三級，紀錄四次，劍南李拔峨峰氏撰並書

督修江各官

上荊南道 李拔　宜昌府知府 王協和　　祁陽縣知縣 宋溶

承修江工各官

東湖縣知縣 徐澄　　□州知州 陸□吉　　巴東縣知縣 劉永華

助修江工各官

荊州府知府 九格　　荊州府同知 劉枝梅　　荊州府□□ 王堯臣

江陵縣知縣 姚雲倬　　公安縣知縣 素布棟阿　　石首縣知縣 牛兆奎

監利縣知縣 王清遠　　松滋縣知縣 姜起濚　　宜都縣知縣 李芝

《凿石平江记》碑（6面，其中有一面无字）

《凿石平江记》拓片（有字的五面）

三峡湖北段沿江石刻

遠安縣知縣　宋楷　　荊州衛守備　邳晄（晃）　　　荊州左衛守備　宜成彩

宜昌府司廳　單

大清乾隆三拾捌年歲次癸巳仲秋月　吉旦

15. 李拔　《黄牛山》（外3首）诗碑　清

碑高187、宽89、厚13厘米。

落款2枚印，见照片、拓片。该碑刻于清乾隆三十八年（1773年）。

【碑文内容】

黄牛山

硝壁奇峰勢插天，森森劍戟碧雲連。

操舟上下常朝暮，悵望黄牛滴翠煙。

黄陵廟

董工開導類傳奇，繪像（象）山形郍（哪）可知。

惟有平成功德遠，千年廟貌枕江湄。

諸葛祠

蜀相勳名伊呂才，遙臨染翰亦雄哉。

石蓮尚有遺踪在，婦孺悲歌繞綠苔。

三珠石

楚天到處有三珠，亂石橫流不可圖。

鑄淂秦鞭驅海底，媚川好是影全無。

荊南觀察使者西蜀李拔峨峰氏率屬同修江工題書

乾隆三十五年歲次庚寅嘉平月　　　立　　印　印

上述四首诗中，第一首吟黄牛岩奇峰插天、烟绕翠滴的壮丽图景；第二首言不信神牛助大禹治水的传说，而欲借黄陵庙纪念治服峡江水患的民众；第三首怀念崇仰万世师表诸葛亮，并以此言志，表白自己佐朝廷与除水患的志向；第四首坚信人定胜天，断言人类终将挥起"秦鞭"，把峡江里的一切明礁暗险驱进海底。李拔亲自率众治理川江，看到了民众的力量，以大自然征服者的笔触描山绘水，忆昔观今，感时抒怀，其诗歌一扫历代文人惊叹、惶恐、凄楚之态，洋溢着乐观进取、所向披靡的激情，至今具有相当的鼓舞作用。另外，李拔书法自成一家，诗碑字迹遒劲又清丽，工整而又流畅，雄强而又圆润，有晋人王巍之遗风，尤能饱人眼福[1]。

---

[1] 黄世堂执笔，宜昌县黄陵庙文物管理处编　《黄陵庙诗文录》，93～94页，湖北人民出版社，1986年。

黄牛山诗碑

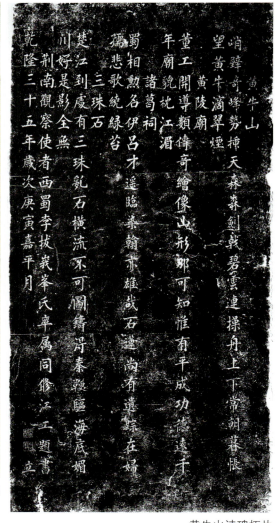

黄牛山诗碑拓片

16. 黄肇敏《游黄陵庙记》碑

共两块碑，均嵌入黄陵庙内的墙壁。

两碑均高38、宽102厘米。

【碑文内容】

两块碑共记《游黄陵庙记》

游黄陵廟記

黃牛峽距平善壩上游六十里，山麓有黃陵廟，差次公餘，擬遊未果。癸酉之冬，故鄉人洪子海如，攜自作撮襟書一軸，縣（由）金陵來訪余于峽江之側。且曰：昨在荊州讀君峽江紀遊詩，知有黃牛峽者，山水必佳妙，欲與君一遊。余曰：固所願也。明日駕扁舟泝江而上，五里，過石牌峽。舟人指石穴中云：有石如漁翁垂釣狀，鬚眉畢具，視之果肖。十里，蝦蟆培，水草不黃，宛然一綠衣蝦蟆蹲江畔，遠望益真。時值嚴冬，崖洞中草花盛開，微聞香氣，采之，花形六瓣，色淺紅，惜不知名。十里，天柱峰，舟行峰下，仰視一峰□起，直插雲霄。又五里，至南沱，有巡險分防於此，駐破寺中。自此山勢漸平，豁然開朗，而江中恠（怪）石疊起，

《游黄陵庙记》之一

《游黄陵庙记》之二

欲塞江流。世所謂南沱三漩，無義灘、渣波、紅石子諸險皆在此。夏秋水漲，舟行甚危。計三十里，抵黃陵廟。在舟望廟後，高崖屏立，五峰並起者，即黃牛峽也。傳云：第四峰有若牛狀，色赤黃，前一人立牛側，久視，其色猶似也。而人牛俱未之見。泊舟登岸，陟百數十武，至廟。山門已圮，蓋同治九年為水所浸，碎瓦頹垣堆積盈地，殿亦將傾，幸棟樑堅且巨，規橅宏壯，故尚未覆也。殿前一額，崇禎辛巳惠王題："玄功尤古"四字。又一額，"砥定江瀾"，書法秀健。乾隆十四年己巳，覺羅齊格題並書。殿供大禹，楹礎鐫萬曆四十六年歸州人建，旁有斷碑仆地，拂塵讀之，乃黃陵神讚頌，正德庚辰南太僕少卿西蜀劉瑞撰。後殿供如道教老子象（像），云即黃陵神也，座側立一牛，木質。嘗聞國朝宋琬題楹帖云："奇跡著三巴，珪璧無勞沈白馬；神功符大禹，煙巒猶見策黃牛。"今亡矣。後又一殿，供釋迦牟尼。按諸葛武侯碑記云："神有功，助禹開江，當廟食庇土，僕複而興之，目之曰黃牛廟。黃庭堅記中亦稱黃牛"神祠。陸務觀入蜀記，有晚次黃牛廟句。考漢宋諸使賢皆云：黃牛廟，今謂黃陵，其可疑也。廟西有荒地一區，僧云：是武侯祠基址。按志載，後人于廟側立武侯祠即此處也。祠壞于咸豐庚申峽水。同治初年，監利王比部子壽來遊，歸語東湖令重建之。九年庚午、水益甚，遂傾圮無存。前立一碑，下豐上銳，隸書武侯：黃牛廟記，乃後人所補立者。令僧搨之，末有跋云："黃牛之祀，顯于武侯，今廟黃陵，祀神禹，立黃牛於旁，不知始于何時，好事者每以不見武侯漢隸碑為恨，因取莆田鄭簠太原傅山郭有道碑例，效顰書此，亦堪供過客之一考也。以下字漫漶不可辨。殘碑斷碣，滿目皆是，剔苔略讀，有遂甯張鵬翮相國七律一首，又碑七絕四首，又吳下金祖靜七言一律，又曲沃秦武域竹枝詞四章，皆雍正乾隆時人詩，不及錄。然中有千古黃陵尚有祠一句、余益疑之，復至廟東、絕無所見。再尋至廟後，則古木數株，一泉一池在焉。始悟放翁所謂廟後有叢木似冬青而非，莫能名者，蓋此樹也。又山谷所謂神祠背後，石泉甚壯，命僕夫去沙運石者，即此泉也。低徊許久，忽見垣衣中露一碑，乃重浚黃牛廟泉池記，乾隆間邑人郭江撰，載其地有美泉，皎鏡洞然，涓涓不絕。又云歐陽公詩刻諸廟壁，陸遊過此猶及見之。後值兵火不可得云。因笑謂洪子曰，君所尋黃牛黃陵者，今可辨矣。考諸古跡，今廟之基，即漢建黃牛廟之遺址也。廟遭兵燹，古碣無存，迨明季重建，廓而大之，兼奉神禹，蓋嫌牛字不敬，故改為黃陵。似取爾雅大阜曰陵之義，君以為然耶？否耶？蘇公有云：事不目見耳聞而臆斷之，可乎？然則石刻，諸君意未一顧耶，是予以記之，夜宿廟中，諸朝歸，過蝦蟆培，海如欲飲第四泉水，忽聞懸崖間猨嘯數聲，舟人大恐不敢近，久之寂然，始取水而返。

歙縣黃肇敏秋宜記並書

三游洞石刻

　　三游洞位于湖北省宜昌市城区西北郊20里长江北岸西陵山，左靠长江，右临下牢溪，与我国著名的葛洲坝水利枢纽工程遥遥相望，三游洞是一个岩溶形成的岩洞，深26、宽20、高5米，地质年代为寒武纪，距今约5～6亿年。洞中被三根钟乳石柱分隔成前后两室。三游洞三面环水，一面连山，山水秀丽，风光绮丽，恰似一颗镶嵌在西陵峡口北岸的璀璨明珠。

　　唐宪宗元和十四年（819年），大文学家、诗人白居易由江州（今江西九江市）司马升任忠州（今重庆市忠县）刺史。与其弟白行简，好友、著名诗人元稹，过夷陵，置酒泛游，寻古探幽，酒酣之时，在西陵峡口崖岸之上发现一奇异石洞。故而留宿洞中，通夕不寐，饮酒作诗，书于洞壁，并由白居易作《三游洞序》以纪之。由于白居易、白行简、元稹三人首先游览此洞并题赋，"三游洞"便由此得名并传名天下。

三游洞远景图

三游洞外景

三游洞石刻

到了宋代，著名文学家欧阳修被贬谪到夷陵任县令。丁元珍先于欧阳修两年前抵达夷陵任峡州军事通判。欧阳修抵夷陵任后，与丁元珍同游三游洞并留下一方题名壁刻。据查，真正属于欧公的石刻真迹文物全国范围内，只有两件：一件是三游洞中这方欧阳修亲笔题书的题名壁刻；一件是现存于江西省永丰县为欧阳修当年所亲笔题书的《泷冈阡表》碑刻，但此碑刻要比三游洞中的壁刻晚30余年。

　　继欧阳修之后，三游洞的人文踪迹中又多了"后三游"佳话，即苏洵、苏轼、苏辙父子三人宋嘉祐四年〔1059年〕对三游洞的游历。

　　后人将唐代白居易、元稹、白行简三人同游三游洞称为"前三游"，把宋代"三苏"的这次游三游洞称为"后三游"。此外，黄庭坚、陆游等名家，以及明清以来的文人墨客多到此寻胜游览，赋诗题字，千余年来，流传下来的历代咏赞三游洞诗文达几百首，石刻碑刻数以百计。

　　抗日战争时期，三游洞是亢战大后方的前沿阵地，三游洞一直控制在中国军队手中，没让日军跨进半步。三游洞前下牢溪对岸，即为日军占领区，而指挥官陈诚的指挥部就曾设立在三游洞洞内。1938年10月，湖北省政府代主席兼民政厅长严立三带领省府要员移驻三游洞内办公，主持全省抗日救亡工作，1939年在洞内石壁上刻铭作记并志耻。严立三题记云："中国民国廿八年春，寇机屡袭宜昌，居民死伤数千，爰率本府同人驻此办公，书以志痛。"辛亥遗老、著名爱国人士石瑛、张难先题记云："湖北省政府被倭寇迫迁鄂西，石瑛、张难先于中华民国廿八年四月来此会议，特书志耻。"同时冯玉祥将军从四川重庆莅临宜昌督练抗日军队，检查要塞，并到三游洞看望湖北省政府在三游洞的留守人员。当了解到二、三月间日本飞机反复袭炸宜昌城，炸死居民逾千人时，当即题写："是谁杀了我们同胞的父母和兄弟"壁刻一通，这是我们进行爱国主义教育的重要文物之

三游洞保护标志

三游洞石刻

三游洞石刻

一，也是一件不可多得的历史资料。

　　1956年三游洞及其碑刻被公布为湖北省第一批文物保护单位。1981年三游洞正式对中外来宾开放以来，三游洞不仅逐步扩大了自身的人文景观、自然景观的内涵，而且完善了外部环境，经千余年的历史人文积淀和现代文明的洗礼，其文化品位得到了极大的提升，2006年被评为第六批"全国重点文物保护单位"。

　　三游洞成为长江三峡文化走廊的一颗明珠，不仅在于它的自然景观奇险和幽美，更在于这里有千余年的人文文化积淀，她是自然景观与人文景观完美结合的产物。正如清代诗人龚绍仁所说："夷陵有夷山，夷山多名洞。三游最著名，喧传自唐宋。"是唐宋以来的名家声誉映照了三游洞。三游洞历代石刻题记数量多、价值大，从内容上看有反映当时政治、经济和文化艺术等内容，表现形式有纪事、题诗、题词、题名和对联等丰富多彩。

1. 欧阳修题名　北宋

　　该题刻刻于北宋景祐四年，即公元1037年，当时欧阳修因支持范仲淹新政改革，惹怒奸党，被谪贬为夷陵（今宜昌市）县令。题刻位于三游洞后室，朝西北方，距地面140厘米，高39，宽28厘米，竖排3行，满行8字，行距2、字距2、字径3厘米，字阴刻，刻深0.5厘米。欧公虽以诗文著称，然其书法亦是大家风范。短短十数字摩崖题刻，亦能窥见其书势险峻，神采秀发，着实透出"外容悠邈，中实刚劲"之神韵。

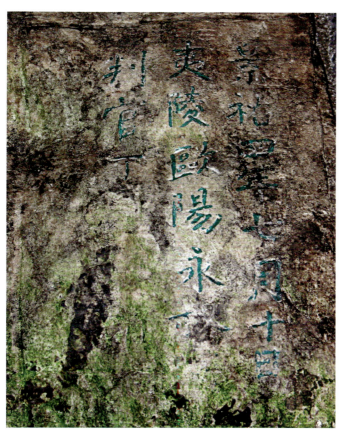

欧阳修题刻

景祐四年七月十日
夷陵歐陽永叔和
判官丁同行刻石

文字排布示意图

2. 通远桥记题刻　北宋

　　该题刻原在三游洞东侧下牢溪与长江会合处的左岸临江石壁上，刻于宋仁宋赵桢康定元年，即公元1040年。因其在葛洲坝水库淹没线下，遂于1982年迁至洞后山山洞外嵌于右壁，东南向，距地面220厘米，高70、宽115厘米，竖排26行，每足行15字，行距2、字距1.5、字径3厘米，字阴刻，刻深0.5厘米。

宜昌段石刻

三峡湖北段沿江石刻

《通远桥记》题刻

《通远桥记》拓片

通遠橋記　知峽州事查慶之建

大人出守夷陵之明年二月望日因行

春於西郊至下牢津經百丈溪蒼崖峭

立其徑闕然臨流数仞乃刺舟而渡謂

諸從事曰峽口扼三陵之隘咽喉之地

也何橋梁之闕乎於是稽古記有舊址

存焉□□□陵□宰□二而度之其溪

峪下□□□□求修木而架之飛勢

横空宛若虹度凡五十四尺横廣一丈

構竹屋而覆之欲其難朽也署曰通遠

橋遂使往來者絶其阻艱登臨者美其

通濟西有白傅三游洞尋勝者皆得造

焉故馬不踠足人無留行噫嘻非守宰

之賢孰能建其利乎橋成之日侍親往

觀焉因命小子誌之向若綿歷歲月材

有墮腐後來之好事者能補而葺之則

斯民之幸矣康定元年三月初十日記

貢吏師□□撰並書

知峽州事查　建

王天

文字排布示意图

3. 张告等题名　北宋

题刻刻于北宋治平元年及二年，即公元1064年和1065，位于三游洞后室右壁上，面向正北方，距地面300厘米，高80－90、宽140厘米，字距1、行距2、字径10厘米，字阴刻，刻深0.5厘米。

治平元年张告题刻

邓伯齐说道又同至
张景儉中行新江安令
次年正月十八日新夔宪
呆之偕来
叔运判张林宗景克与正辞
后六日新夔漕楚建中正
男祐甫方叔男彤侍
正辞男公亮公著呆之
明后一日游
元與方叔治平元年清
邓晋臣抗宗推官郭
古宗範新洋水寨主
毛晦呆之巡檢馬師
假守張告正辭簽判

文字排布示意图

4. 黄庭坚题名　北宋

该题刻刻于北宋绍圣二年，即公元1095年，位于三游洞后室左侧小洞正上方，朝向东北方，距地面140厘米，高50、宽60厘米，竖排5行，每行15字，行距2、字距2、字径7厘米，字阴刻，刻深0.5厘米。

黄庭坚乃一代书法大家，该题刻为宋哲宗绍圣二年被贬为涪州（今重庆市涪陵）

别驾，黔州（今四川彭水）安置赴任过程中经过三游洞时题。其题刻虽粗石摩崖，年久剥蚀，仍见其逆入平出，藏锋顿挫，中宫紧敛，纵伸横逸，沉着痛快，舒展大度。

黄大临弟庭
坚同辛絃子
大方绍聖二年
三月辛亥来游
公弟

文字排布示意图

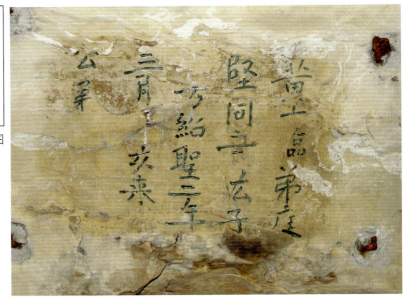

黄庭坚题刻

5. 吕叔龚题名　南宋

题刻刻于南宋绍兴二十二年，即公元1152年，位于三游洞入口台阶处山题上，朝正北方，距地面170厘米，高55、宽75厘米，竖排9行，每行6字，行距2、字距2、字径6厘米，字阴刻，刻深0.5厘米。

月二十六日题
時绍興壬申十
不覺日晷之移
應聲琴音愈勝
離騒洛浦虛谷
洞鼓琴奏廣陵
趨稱歸觀三游
湖右輪將職事
洛陽吕叔龚以

文字排布示意图

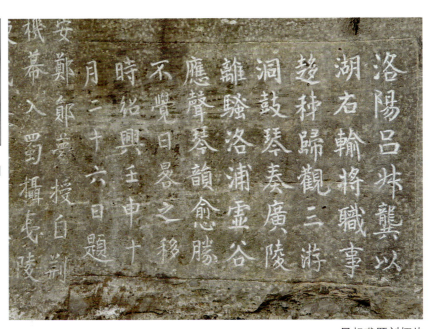

吕叔龚题刻拓片

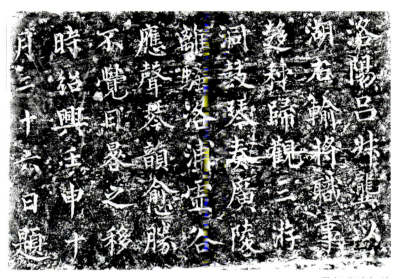

6. 徐宗偓题名　南宋

题刻刻于南宋乾道九年，即公元1173年，位于三游洞前室第一石柱左侧右题下方，朝正东方，距地面60厘米，高40、宽55厘米，竖排9行，每行6字，行距2、字距1、字径4厘米，字阴刻，刻深0.5厘米。

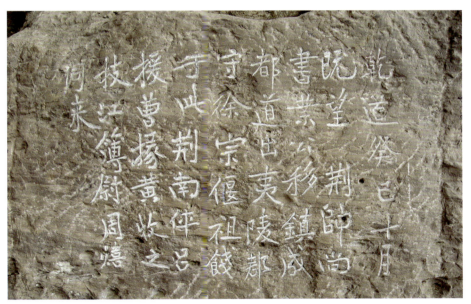

徐宗偓题刻照片

乾道癸巳十月
既望　荆帅尚
书业公移镇成
都道出夷陵郡
守徐宗偓祖饯
于此荆南伴吕
援曹椽黄牧之
枝江薄尉周熺
同来

文字排布示意图

7. 韩子常等题名　南宋

　　题刻刻于淳熙六年，即公元1179年，位于三游洞前室右壁上，朝东北方，距地面180厘米，高70、宽140厘米，由左至右，刻8行，每行5字，行距4、字距3、字径10厘米，字阴刻，刻深0.5厘米。

□□識之
因命□右□何
□陈瑞厚偕行
家来游海陵
善李德甫挈
张鲁仲洪子
子常拉同官
食日郡守韩
淳熙己亥寒

文字排布示意图

韩子常等题名照片

8. 郑郿题名　南宋

　　题刻刻于南宋绍熙五年，即公元1195年，位于三游洞入口台阶崖壁上，朝正北方，距地面170厘米，高75厘米，宽65厘米，竖排8行，每行9字，行距2厘米，字距2厘米，字径6厘米，字阴刻，刻深0.5厘米。

建安郑郿梦授自荆
南機幕入蜀攝夷陵
守陈茂英季實以江
陵同官之契携家載
酒錢別于此季實男
見德見刚夢授男重
□孙庆孺侍行绍熙
甲寅季春廿有一日

文字排布示意图

郑郿题名照片

郑郿题名拓片局部

9. 常季望题刻

题刻刻于南宋庆元二年，即公元1196年，位于三游洞前室第一石柱左壁上，朝东北方，距地面170厘米，高50、宽45厘米，竖排6行，每行7字，行距2、字距4、字径2厘米，字阴刻，刻深0.5厘米。

临邛常季望假守
建平艤舟来游夷
陵曹掾扬子[平]访
别俱会于此季望
子泳洧準灏侍慶
元丙辰寒食日

文字排布示意图

常季望题刻

10. 杨修之题刻　南宋

题刻刻于南宋淳祐七年，即公元1247年，位于后山山洞外左壁上，朝东南方，距地面170厘米，高150、宽100厘米，竖排6行，每行9字，行距15、字距5厘米。字径15厘米，字阴刻，刻深1厘米。

杨修之题刻照片

宋淳祐丁未季春眉山
陽修之由京湖参幕來
守是邦領事三月築三
游以壯荆蜀之援賓
制使文昌賈公命也季
秋月朔成

文字排布示意图

11. 匡铎　白居易《三游洞记》　明

　　碑刻位于三游洞前室第三石柱正前方，朝正北方，落地置放，高270、宽130厘米，竖排17行，每行39字，行距1.5、字距1.5、字径4厘米，字阴刻，刻深0.5厘米。此碑巨大，刻制精良，是三游洞保存下来的最完好的碑刻。

三　游　洞　记

平淮西之明冬予自江州司馬徙忠州刺史元徽（微）之自逼州司馬授虢州長史明年春各祗命之郡與

知退偕行三月十日參會于夷陵翌日徽（微）之返棹送予至下牢戌又翌日將別未忍引舟上下久之酒

酣聞石間泉聲因舍棹進策步入缺岸初見石如疊如削其怪者如引臂如垂幢次見泉如瀉如灑其

奇者如懸練如不絕綫遂相維舟岩下率僕夫芟蕪刈翳梯危縋滑休而復上者凡四焉仰睇俯察絕

無人跡且水石相薄磷礲鑿鑿跳珠濺玉驚動耳目自未及戌愛不能去俄迨旦時憐奇惜別且嘆且

氣含吐互相明滅晶熒玲瓏象生其中雖有厭口不能名狀既而通夕不寐迨旦昏黑雲破月出光

言知退境勝絕天地間其有幾乎如之何俯通津綿歲代寂寥委置罕有到者予日借此喻彼可

以長太息豈是哉豈獨是哉徽（微）之曰誠哉是言矧吾人難相逢斯境不易得今皆偶然於是得無述

平請各賦古調詩二十韻書於石壁乃命予序而紀之又以吾三人始遊故因名爲三遊洞洞在峽州

上二十裏北峰下兩岸相厭間欲將來好事者知故備書其事

唐元和十三年忠州刺史白居易譔文

唐白樂天量移忠州道峽江與其弟知退及元徽（微）之參游洞中賦詩紀勝而樂天又爲序刻之

石壁則洞以三游名始此也歲久剝落壁刻罔傳好古者寧無興慨耶萬曆戊寅余以罪來守

西陵檢楚志刻有序詩文逸而未收嗚呼地以人勝人以言存元和及今才八百餘禩乃三公

製作旋復喪失若是繼此將奚徵焉爰謀及江博士寶訂其亥豕勒之貞珉俾後之遊者讀是

文則知三遊名義有因雲

明進士前刑科左給事中膠西匡鐸謹跋

　　判官張逢

視生員徐斐然書篆拜鐫

督工人　徐天□

明進士前刑科左給事中膠西匡鐸謹跋

文字排布示意图

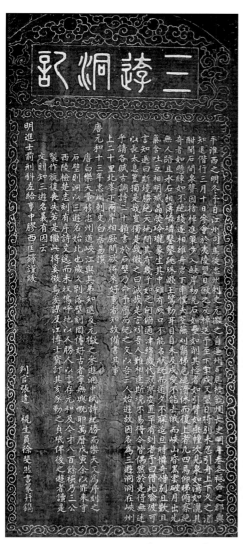

《三游洞记》照片

《三游洞记》拓片

宜昌段石刻

12. 娄俞彦 "三游洞" 明

题刻位于三游洞耳洞右方，朝正北方，距地面220厘米，长150、宽55厘米，字径30厘米，字阴刻，刻深2.0厘米。

娄俞彦三游洞拓片

13. 李拔 造物同遊 清

题刻刻于乾隆三十五年，即公元1770年，位于三游洞前室第一石柱柱壁上，朝东北方，距地面280厘米，高65、宽190厘米，字距10、字径35厘米，字阴刻，刻深1.5厘米。硕字摩崖。

14. 募修三游洞神像功德碑　清

　　碑刻刻于清道光十五年，即公元1835年，位于三游洞后室左壁处，面向北方，落于地面，高150、宽68厘米，字距1.5、行距1、字径2厘米。

福　禄　善　慶

夫三游洞自唐宋間有白元蘇黃等賢先後偕游于茲成千古之遺迹　邑之勝住持洞中冷落始因衲宏書于
乾隆年間若募衆善創修呂諸佛神像及鐘欐自此古洞」新香烱日盛至」藝十余載乃諸佛金身溥毀兼之缺少
羅漢佛像令偕募化各大護法樂輸相助增修十八　羅漢　金身裝造神龕供列　佛座兩傍添設香火永遠供奉庶可瞻仰
而昭誠敬千古不朽今將各善功德名目開列于左　　善士張義生助錢貳拾千文

督領
陽修

賈至德助錢肆拾千文　陳文經助錢捌千文　張遠珍助錢陸千文　許祥助錢陸千文

徐維□　張加林　湯發科以上各助　伍千文　元亨泰　元泰號　龍改和　王耀昌　日新興　恒盛興　許德　胡大貴　李德生
□盛玉　張一昌　張恒　李文貴　杜發元　杜發相　杜發榮以上各助　四千文　聚升興　許德　胡大貴　李德生
蔣天順　牟天元　梁廣業　□心□以上各助　三千文，羅成監助　貳千伍百文，胡永春助　乙千八百文，周恒升助錢一千伍百文
賈沂　杜玉品　金文太　王永珍　聚具行　廣盛泰　顧槐　羅振玉　許必才　許科　許連各助　貳千文
賈智　許鳳　雷啓龍　馮金榜　閆習品　譚文貴　張遠發　杜發林　覃永昌　毛發富　姜宗富　楊春貞
賈楷　閆大綱　羅行元　王萬□　閆習方　孫紊秀　張遠祥　姜運太　覃華德　陶則忠　姜文明　溫上清
劉福和　金義泰　徐質遠以上各助一千文　八百文　陳日禎　楊彥科各助　二百文　□振喜　範振義
劉元和　姜文棟　陳德建　冋斗戌　王宗魁　張喜貴　劉應魁　弋像富　永□　宋世道　可亨虫　蔣裕興
王必榮　張德全　湯浩　閆士廣　向開毓　王玫　李子升　屈宗文　覃義昌　周藩　曾□顯　余文□
王正剛　宋世興　亘永進　亘六瑜　亘六㣈　亘銀昌　妾文槐　熊云位　李雲明以上各助　三百文　渴發櫃
朱宗禮　簡宗榜　廖勝禄　沈太松　沈啓雲　沈大禎　沈大貴　劉士瑤　韓純德　杜宏　陳同□
戴萬吉　蔣義順　化久大　戴義生　許祥升　宋代發　胡大成　江□仁　龍德連　劉汝林　胡永□
胡天朋　劉汝天　陳加德　毛有客　劉汝先　唐成忠　鄭宗道　李發榜　椿周宗　李正□
黃光容　易澤廣　胡世喜　許德英　劉忠　蔣方佑　劉之仁以上各助　五百文
葉奕遠三千　王金茂二千

大清道光拾伍年玖月

吉日　住持僧　嚴庵

文字排布示意图

宜昌段石刻

15. 闺瑛篆、陈建侯 "合掌巖"诗 清

　　题刻刻于清光绪十年，即公元1884年，位于三游洞石碑门下三级台阶处，朝东北方，距地面260厘米，高220、宽260厘米，竖排6行，每行5字，行距8厘米，字距10、字径35厘米，字阴刻，刻深2厘米。此摩崖鸿篇巨制，篆书字大盈尺。跋文隶书为其父陈建侯书。诗是壬午年作的，字是甲申年刻的。

合掌巖高石
不頑化工有
寶秘形山劈
開混沌鴻濛
窈露出人天
生死關　闺瑛篆

光绪壬午春游罗浮合掌巖口占一绝似
合丹旨甲申司権彝陵陟三游洞览形胜
颇相类因录旧作命长女闺瑛篆泐于此
侯有道者证焉古闽仲耦陈建侯识并书

文字排布示意图

石刻位置照片

三峡湖北段沿江石刻

光緒壬午春游羅浮合掌巖口占一紀似
合丹旨甲申司權彝陵陟三游洞覽形勝
頌相類曰錄舊作命長女閩瑛篆泐于壬
佚有遺春證屬古閩仲耦陳建庚識並書

藝陵西上二十里層巒疊嶂摩天起挂帆
飛渡南津關三進在望心光喜前遊元白
後三蘇洞東遺蹤知有無合舟紗登夏尊
百入門迴南昔□□□□民國丁□□□

寶開窈
窗溫神
此形化
大嶺山
大僕驛

合窀嚴
宇禮高
不化司
工石

生印聞閏瑛篆

16. 邓万林　洞天石古　清

题刻刻于清同治十年，即公元1871年，位于三游洞前室右题上，朝东南方，距地面580厘米，高180、宽160厘米，字径25厘米，字阴刻，刻深2厘米。此摩崖在三游洞洞室之顶，其书点画朴厚，笔势沉雄，楷法谙练，古风谨守。

洞天石古题刻照片

洞天石古题刻拓片

17. 陆维祺　"鬲凡"　清

题刻刻于清光绪十年，即公元1884年，位于三游洞耳洞正上方，朝正北方，距地面450厘米，高155、宽65厘米，字径50厘米，字阴刻，刻深3厘米。"鬲凡"二字，大字隶书，在原入洞的小洞口上方。

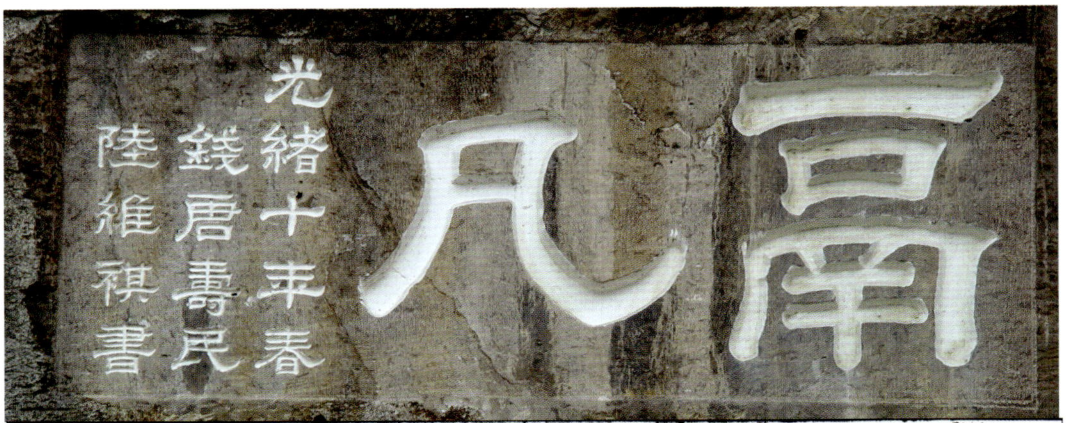

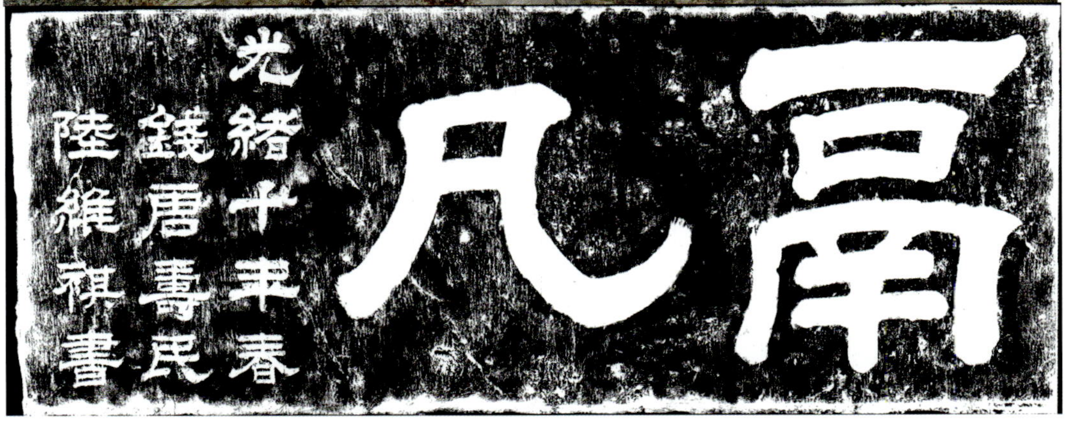

陆维祺《鬲凡》拓片

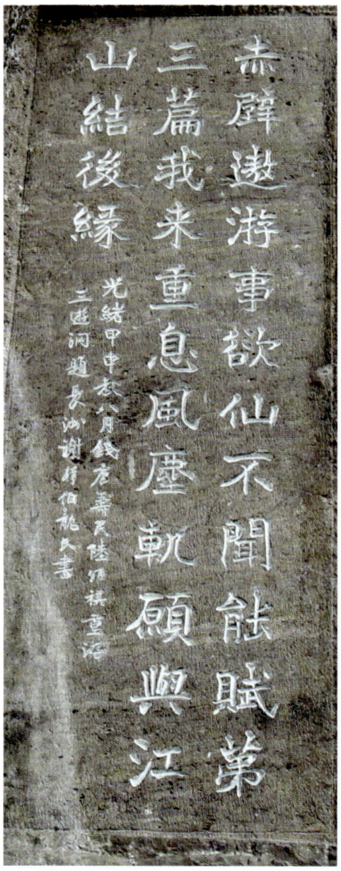

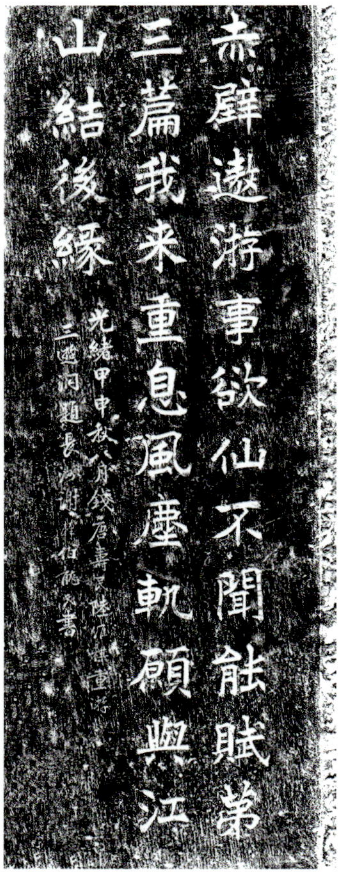

陆维祺诗拓片

18. 陆维祺　七绝诗　清

题刻刻于清光绪十年，即公元1884年，位于三游洞石牌门下三级平台上，朝东北方，距地面350厘米，高170、宽60厘米，竖排3行，每行12字，行距4、字距4、字径10厘米，字阴刻，刻深1厘米。

题刻内容为七绝一首：

“赤壁遨游事欲仙，不闻能赋第三篇；我来重息风尘轨，愿与江山结后缘。”款题：“光绪甲申秋八月，钱唐（塘）寿民陆维祺重游三游洞题。长州附榛伯龙氏书。”

19. 张联桂 "三游洞歌" 清

　　题刻刻于光绪十二年，即公元1886年，位于三游洞石牌门下三级平台山题上，朝东北方，距地面350厘米，高175、宽155厘米，竖排15行，每行16字，行距3、字距3、字径7厘米，字阴刻，刻深1厘米。

夷陵西上二十里層巒疊嶂摩天起挂帆
飛渡南津關三遊在望心先喜前遊元白
後三蘇洞裏遺踪知有無舍舟陟磴級四
百入門回顧皆危途門前碑兀列三柱門
中廣闢成堂廡鴻濛一竅誰闢闢開疑是當
年五丁斧巉岩環峙若翠屏水珠凝結垂
鐘乳憑欄俯視下牢溪曲折奔流如聽雨
我昔分符駐桂林七星名岩疊彩名山俱登臨
玲瓏峭拔鬥奇幻較之此洞尤宏深惜哉
名賢已元到致令勝境鮮知音山川顯晦
亦有幸虱雲離合原無心仰看紅日忽丢
墮行廚進酒開煩襟君不見殘碑斷碣字
剥落幾人名姓同岩壑更上高峰發嘯歌
風吹下界驚鸞鶴　光緒丙戌暮春余巡至宜昌勾
當公事既畢同人招飲於洞內即席成此以志雪鴻
　江都張聯桂丹叔題長洲謝榛伯龍書

文字排布示意图

谢伯龙《诗》拓片

宜昌段石刻

20. 陈立炜等 "洞天福地" 清

题刻刻于清光绪二十一年，即公元1895年，位于三游洞前室正上方山题上，朝东北方，距地面600厘米，高80、宽300厘米，字距12、字径55厘米，字阴刻，刻深3厘米。此刻刻在三游洞洞顶，字幅最大。

洞天福地题刻照片

洞天福地题刻拓片

21. 丁柔克 诗题刻 清

题刻刻于清光绪三十三（丁未）年，即公元1907年，位于三游洞石牌门下二级平台山题上，朝东北方，距地面160厘米，高240、宽50厘米，竖排3行，每行17字，行距5、字距4、字径10厘米，字阴刻，刻深1厘米。

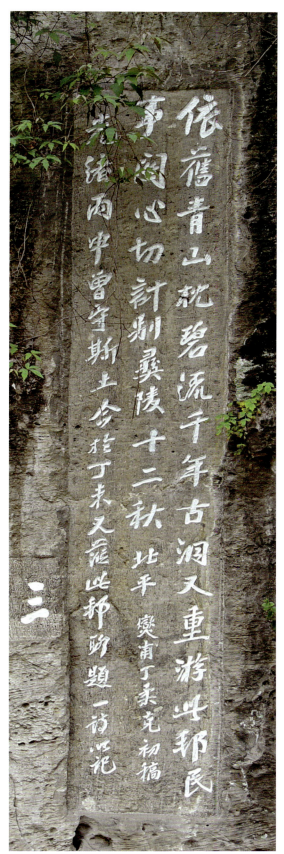

丁柔克诗题刻照片

丁柔克诗题刻拓片

依舊青山枕碧流千年古洞又重游此邦民
事關心切計別夷陵十二秋　北平　爕甫丁柔克初稿
光緒丙申曾守斯土今於丁未又蒞此邦聊題一詩以記

文字排布示意图

22. 王同愈等同游题名　清

　　题刻刻于清光绪二十四年，即公元1898年，位于三游洞前室右题上，朝正东方，距地面140厘米，高120、宽70厘米，竖排6行，每行11字，行距3、字距2、字径6厘米，字阴刻，刻深0.5厘米。

邹祖荫蒋寿祖來游同愈記
丹徒赵微華吴何元秉元和
漾湘潭言涣彰江甬口宜成
熟丁國均商城洪恩浩歙洪
王同愈校士宜郡事畢偕常
光绪戊戌十一月戊辰元和

文字排布示意图

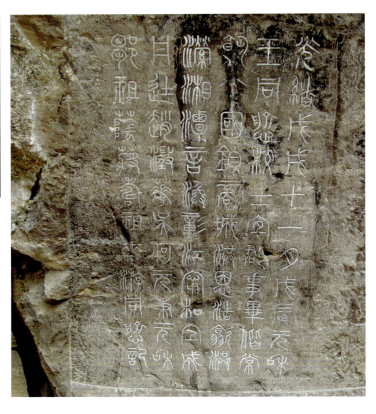

23. 柯逢时　记游诗　清

　　题刻刻于清光绪三十一年，即公元1905年，位于三游洞前室第一石柱柱题上，朝东北方，距地面230厘米，高55、宽100厘米，竖排8行，每行8字，行距4、字距2、字径4厘米，字阴刻。此诗碑在三游洞洞室中柱石题上磨平而刻，刻书精良，至今完好无损。其书法度心裁，出入米黄；点画精熟，意态疏放，结字紧密，用笔健爽。

孙詞臣两觀察来游
约傅弼卿軍門黃叔頌
光绪三十一年六月初七日
放棹回
牂江接頭白今年
雅勝游陪灘江泛罷
炎荒垂老別一門風
地何心不愛才萬里
章自古多憎命天
碑聯骑雨中来文
洞府凌虚突兀開訪

武昌柯逢時

文字排布示意图

24. 范之杰题名　民国

题刻刻于民国十一年，即公元1922年，位于三游洞前室右题上，朝东南方，距地面330厘米，高25、宽40厘米，竖排4行，每行3字，行距1、字距1、字径6厘米，字阴刻，刻深1厘米。

来游	范之杰	五俟蘇	壬戌閏

文字排布示意图

25. 邓用卿题名　民国

　　题刻刻于民国二年，即公元1913年，位于三游洞前后室第一过道右题上，面向正东方，距地面100厘米，高42、宽50厘米，字径6、字距2、行距2厘米。

□吉来游此洞
鄧用卿同兒子
癸丑春仲江陵

文字排布示意图

邓用卿题刻照片

26. 刘昌言题名　民国

　　题刻刻于民国三年，即公元1914年，位于三游洞前后室第一过道右题上，朝东北方，距地面40厘米，高60、宽40厘米，竖排5行，每行8字，行距2、字距1、字径5厘米，字阴刻。

三游洞　刘昌言
大哥暨内子雪香游
返棹同包潤伯耀光
一日趕蜀通輪不及
民國三年四月二十

文字排布示意图

刘昌言题刻照片

27. 段世德　"一洞"、"万方"联题刻

　　题刻刻于民国七年，即公元1918年，位于三游洞石牌门下第二级平台山题处，朝东北方，距地面100厘米，高215、宽60厘米，竖排2行，每行7字，字距6、字径15厘米，字阴刻，刻深2厘米。此摩崖在三游洞外，乃一幅完整的对联书刻。

庚戌季春時　嚴親知重慶府事權嘉定邀假之省部令兼查川省鹺政道经

斯洞游覽騁懷乙卯臘奉差檢閱水警時大雪至此三宿焉今戊午以糖稅差此冬

月又随王樹功師長孫保滋道尹諸同人来游後先三登恰與洞名数印偶成聯

一　洞　凌　虚　佛　自　在

萬　方　多　難　我　重　来

語勒諸懸崖以證異日云　民國七年冬禾川段世德

文字排布示意图

段世德题刻照片

宜昌段石刻

段世德题刻拓片

28. 林日升　窈窕虚明　民国

　　题刻刻于民国十三年，即公元1924年，位于三游洞前室正上方悬壁上，高230、宽70厘米，字径35厘米，字阴刻，刻深3厘米。朝东北方，距地面600厘米，此摩崖刻在三游洞洞室之顶。

文字排布示意图

窈窕虚明题刻照片

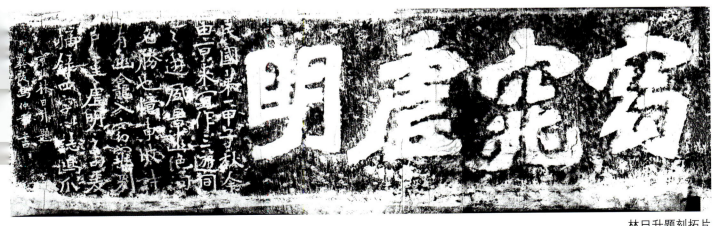

林日升题刻拓片

29. 戴岳等题名

刻于民国十六年，即公元1927年，位于三游洞石牌门下三级平台上，朝东北方，距地面180厘米，高70、宽205厘米，竖排15行，每行5字，行距4、字距3、字径8厘米，字阴刻，刻深1厘米。

同游三游洞	龍城周隱三	三韓李東燁	昭陵伍勵元	東安唐興曜	資陽王若乾	潙寧彭濟良	耒陽伍觸仙	昭陵寧翔	宜山練光樞	寶慶羅恩讓	邵陽龍贊	義章蕭文鐸	昭陵戴岳	民國丁卯秋

文字排布示意图

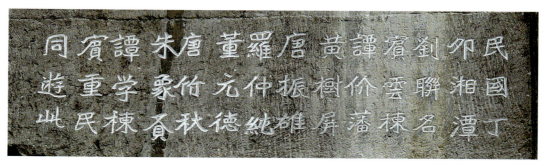

戴岳题名照片

30. 刘联名等题名

刻于民国十六年，即公元1927年，位于三游洞石牌门下三级平台上，朝东北方，距地面280厘米，高40、宽150厘米，竖排14行，每行3字，行距3、字距4、字径7厘米，字阴刻，刻深1厘米。

同游此	賓重民	譚學棟	朱象贇	唐竹秋	董元德	羅仲純	唐振雄	黃樹屏	譚价藩	賓雲棟	劉聯名	卯湘潭	民國丁

文字排布示意图

刘联名题名照片

31. 李基鸿题刻

题刻刻于民国二十四年，即公元1935年，位于三游洞石牌门入口右边山题上，朝正北方，距地面250厘米，高165、宽135厘米，字径60厘米，字阴刻，刻深3厘米。此摩崖在三游洞景区入口处，其意进入灵区。其书大字轩豁，小字清灵；法乎欧虞，涵养二王；笔笔精劲，字字诚笃；方劲拗崛，降龙伏虎。

```
歲癸酉銜命入川
道經夷陵與李玉
書周武夷張智侯
王獻□諸君同遊
三遊洞層嵐如畫
流水鳴琴俯仰低
回翛然有出塵想
題曰靈區用誌心
印　乙亥春日
　　應城李基鴻題
```

區　靈

文字排布示意图

李基鸿题刻照片

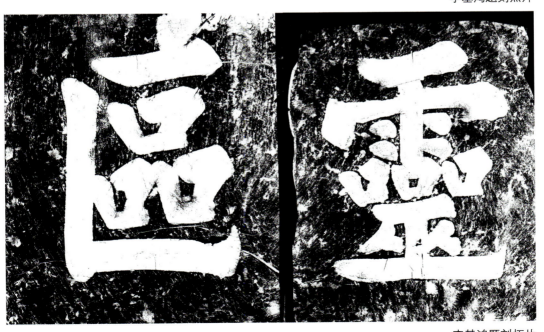

李基鸿题刻拓片

李基鸿题刻照片

李基鸿题刻拓片

32. 陈眉介等 "万方多难" 民国

题刻刻于民国二十一年，即公元1932年，位于三游洞入口处山题上，朝正东方，距地面350厘米，高70、宽240厘米，字径60厘米，字阴刻，刻深3.0厘米。此刻也在三游洞洞室之顶，其书楷法行意，顺逆交替；笔重字实，大小错落，行笔畅达，气韵生动。

民國二十一年十一月六日

萬方多难

陳眉介　劉潤山
吳鴻　　盧成之
黃曉滄　蔡俊三
周武夷　黃問渠同游紀念
何達公　萬春
李覬眉　胡芳琳
張雅輪　程遠芬
　　　　王廉生

文字排布示意图

陈眉介等题刻照片

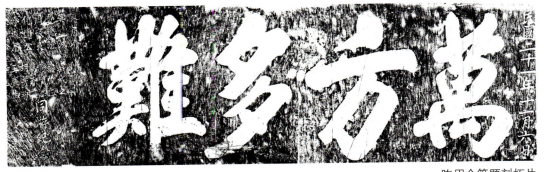

陈眉介等题刻拓片

33. 冯玉祥题刻 民国

题刻刻于民国二十八年，即公元1939年，位于三游洞石牌门下三级平台处，朝东北方，距地面550厘米，高50、宽210厘米，竖排7行，每行2字，行距4、字距5、字径12厘米，字阴刻，刻深1.5厘米。冯大将军隶书深得汉碑之神髓。砥平绳直，迴旋矩折，崇台重宇，气象森严；平实中见奇崛之气，谨严而有激荡之情。

冯玉祥题刻拓片

34. 严立三 "不共戴天" 民国

题刻刻于民国二十八年，即公元1939年，位于三游洞石牌门下三级平台崖壁上，朝东北方，距地面550厘米，高55、宽135厘米，字径25厘米，字阴刻，刻深2厘米。此摩崖在冯刻之后，有意呼应前刻。其书意追钟王，法乎汉唐，且真且隶，笔势开朗。

严立三题刻照片

严立三题刻拓片

35. 剑霞题刻

　　题刻刻于民国二十八年春，即公元1939年，位于三游洞前室第一石柱柱壁上，朝东北方，距地面550厘米，高85、宽50厘米，竖排3行，每行6字，行距5、字距4、字径10厘米，字阴刻，刻深1厘米。

君子之道莫大

乎以忠诚为天

下倡　二十八年春

　　　剑　霞

文字排布示意图

剑霞题刻照片

剑霞题刻拓片

36. 石瑛、张难先题刻

　　题刻刻于民国二十八年，即公元1939年，位于三游洞前室第一石柱右题上，朝正北方，距地面300厘米，竖排5行，每行7字，字阴刻，刻深1.0厘米。

宜昌段石刻

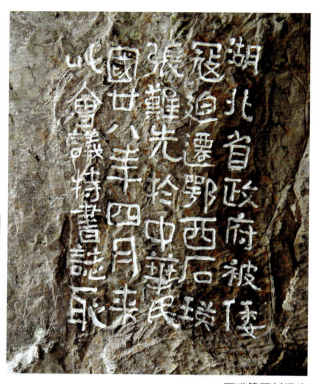

湖北省政府被倭
寇迫遷鄂西石瑛
張難先于中華民
國廿八年四月來
此會議特書誌耻

文字排布示意图

石瑛等题刻照片

37. 严立三题刻

题刻刻于民国二十八年，即公元1939年，位于三游洞入口处山题上方，朝东北方，距地面280厘米，高70、宽55厘米，竖排4行，每行9字，行距4、字距1.5、字径8厘米，字阴刻，刻深1厘米。

中華民國廿八年春寇
機屢襲宜昌居民死
傷數千爰率本府同人
駐此辦公書以志痛

文字排布示意图

严立三题刻照片

38. 施方白 《三游洞宋代题名录》

题刻刻于民国二十八年，即公元1939年，位于三游洞入口处悬题上，朝正东方，距地面210厘米，高35、宽65厘米，竖排15行，每行10字，行距2厘米，字距1、字径2厘米，字阴刻。

三遊洞宋代題名録
洞内有景祐四年歐陽永
叔等治平元年張告等紹
聖二年黄山谷等乾道癸
巳徐宗倓等淳熙戊申郭
文等紹熙甲寅汪必進等
慶元丙辰楊子平等七刻
洞外有元豐五年喻明仲
紹興壬申吕叔襲淳熙己
亥韓子常等紹熙甲寅陳
郎等四刻都十一種均爲
予居洞數月摩抄所得者
其詳考别録之共和紀元
二十有八年五月三日啓
東施方白

文字排布示意图

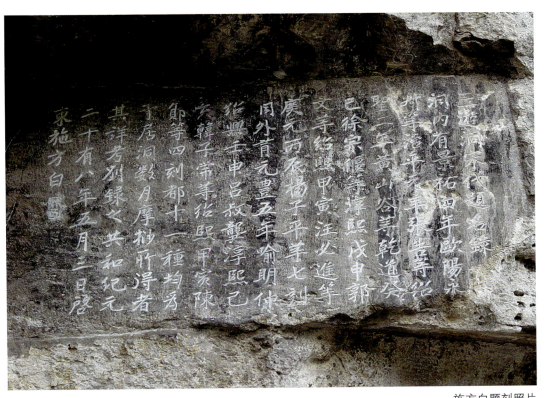

施方白题刻照片

后 记

　　随着举世瞩目的三峡工程的建成蓄水，峡江地区的一大批自然与文化遗产将受到不同程度的淹没影响，在众多备受关注的历史文化遗产中，三峡沿江两岸那些刻记在岩石上的不同内容与形式的石刻题记，尤为令人关注，这些石刻题记是我们的先民在日常生产生活中留下的历史记录，更有他们对峡江秀美山川的由衷礼赞！

　　为抢救和保护三峡库区湖北段的石刻题记，湖北省文物局三峡办组织有关单位的专业技术人员，开展了系统的石质文物保护工作。多年来，参加此项工作的同志们冒严寒酷暑，任风吹雨打，餐风露宿、跋山涉水，不辞劳苦克服重重困难，为三峡湖北段石质文物的保护做了大量工作。又经过几年的工作系统地完成了室内考证、核对、拓片的修补和拓裱等工作，较全面和真实地记录下了这些即将消失的文物古迹，为三峡历史文化遗产的保护做出了重要贡献。

　　本书是集体智慧的结晶。参加所选录石刻题记拓片、照片、原始记录的主要有湖北省文物考古研究所的胡家喜、王正明、李澜、陈丽臻及周雄、宋斌；湖北省文物局三峡办王风竹、李雁；宜昌市博物馆谭宗菊；宜昌市夷陵区黄陵庙文管处李志政、杜国荣；秭归县博物馆梅运来、余波、张新明、谭传旺、刘祖会；巴东县博物馆税世刚、向勇、李刚；黄石市博物馆黄功扬；宜城县博物馆易泽林等。胡家喜同志作为湖北省文物考古研究所承担三峡湖北库区石质文物保护项目的负责人，为三峡工程湖北淹没区石质文物的保护做了大量工作，在本书资料汇总过程中与李雁、胡涛等整理记录、修复拓片并撰写主要内容。为使三峡湖北段石质文物资料更加完整并得到全面的记录，书中收录了宜昌市三游洞的相关石质文物资料，三游洞文物管理处的肖承云、贾先亮、张清平、李清撰写了三游洞石刻的主要内容，提供了石刻的拓片，董明、张丹、胡丽萍等参加了此项工作；湖北省文化厅古建筑保护中心王林承担绘图工作。全部书稿由王风竹统一整理编写，孙启康先生校订石刻文字及相关内容。湖北省文化厅、湖北省文物局、湖北省文物考古研究所对本书的出版给予了大力支持，科学出版社考古分社的闫向东、宋小军、王光明、杨明远等，在拓片资料照排及编辑过程中付出艰辛劳动，在此一并表示衷心的感谢！本书编写过程中难免存在阙漏不当之处，恳请批评指正！

编　者

二〇〇九年三月

(k—1480.0101)

ISBN 978-7-03-029293-3